Catcher

一如《麥田捕手》的主角，
我們站在危險的崖邊，
抓住每一個跑向懸崖的孩子。
Catcher，是對孩子的一生守護。

愛讀書

我如何翻轉8000個
孩子的閱讀信仰

宋怡慧主任
教育部閱讀磐石獎閱讀
推手獎得主

跌破眾人眼鏡

二〇〇六年，原擔任國文老師的她，卻接下設備組長一職。因為，她想整頓荒廢的圖書室。

眼・腫

在整理蟑螂鼠輩橫行的老舊圖書室時，她眼睛過敏，腫得像雞蛋，到醫院掛急診，之後戴眼罩。

哪怕先生強烈反對，與她還發生爭執，她卻依然堅持回圖書室。

挫・敗

為找圖書室輪值人員，她擬好閱讀宣言，印成100張傳單，但一整天，一張都沒發出去。

震・撼

為了募款購書，第一次開會，就被狠狠打槍。

「20萬可以做的事很多，為什麼是推閱讀？你憑什麼認為自己會成功？」一個老師犀利問她。

家長反彈

「老師，我的孩子每天熬夜讀書，就是希望他三年後能考上建中……我的孩子不是白老鼠，我不想讓他成為你閱讀的實驗品。」媽媽越說越激動了。

艱鉅的挑戰，排山倒海……

她收拾起眼淚，一一化解。

把閱讀心得「唱」出來

從「大膽改變新書採購流程」（開放師生寫新書推薦單）到舉辦閱讀星光K歌大賽。

換換書

從「主動出擊，送書到學生面前」（製作「班級行動書箱」）到不同愛書人之間的「班級交享閱」。

班級讀書會

邀請老師到各班級，
與孩子們共同分享如何閱讀，
以及閱讀的美好。

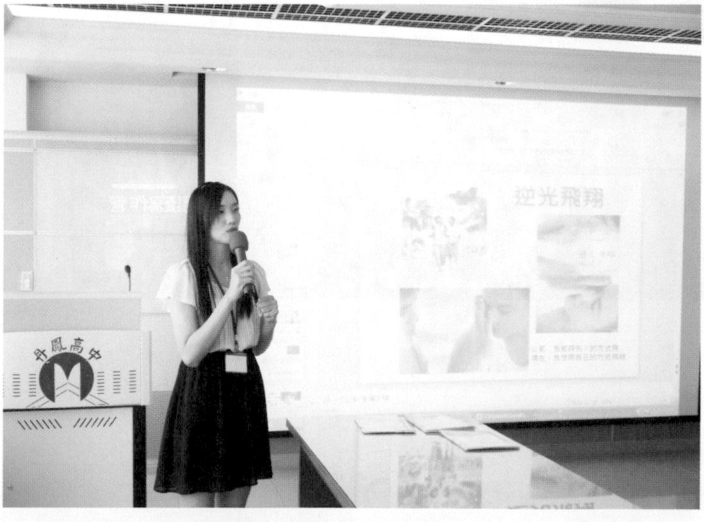

「讀」一場好電影

閱讀不僅是文字，也是影像。
例如《逆光飛翔》與《賽德克巴萊》。

徵選閱讀大使

由孩子們代言閱讀，因為同儕間的影響，效果比老師或父母更有效。

自己動手做手工書

讓孩子親近書，就是孩子閱讀的開始。

老街走讀

了解自己踩踏的土地與文化，是孩子需要的一種閱讀。

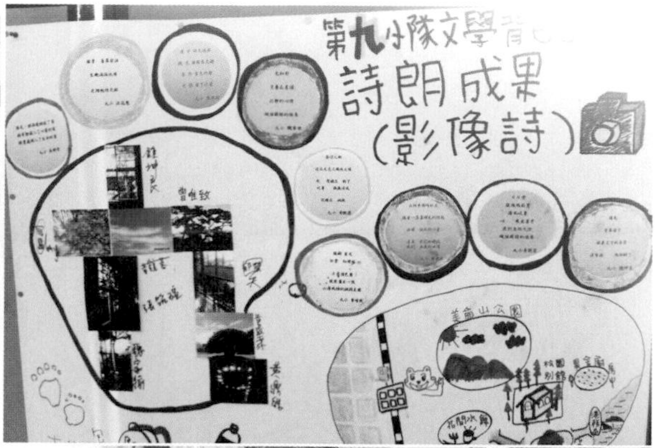

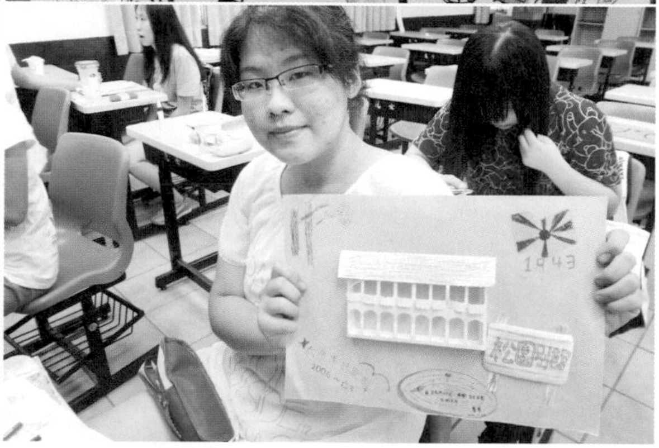

閱讀不僅是文字

與誠品（花蓮文學背包客）、博客來（三魚網書評及書展）合作。

不・忘

她的初衷很單純，只是想將曾經感受過的閱讀的美好帶給孩子們。

如今，這些，都是她心底最美的畫面。

【推薦序】翻轉吧！老師

陳芳明（政治大學台灣文學研究所教授）

十餘年後，再遇見宋怡慧時，發現她變得更開朗，更有自信。當年她在我的教室裡，是一位脆弱、傷感的學生。那時她已經開始教書，但是她恬靜的身影卻非常羞怯，甚至不敢輕易發言。每次交報告給我，總是夾在華麗的封面裡。政治大學的國文教學碩士班，是專門開課給已經在國、高中執教的進修學生。對於他們，我一向期待甚高。對他們，就像對一般大學的研究生，在閱讀上要求甚嚴，在書面報告裡，也必須遵守學術紀律。畢竟，他們已經是教學者，也同時面對著更多更年輕的學生。我對他們那一屆，到今天印象仍然非常深刻，因為我所有的要求，他們都盡職做到了。

宋怡慧後來所寫的碩士論文，是比較蕭麗紅與蕭颯的小說作品。她所要探討的是，一九八〇年代兩位女性作家風格的異同。一位是偏向鄉土書寫，一位是側重都會生活。她寫得非常認真，而且是準時交稿。在論文裡，她對於八〇年代女性文學的社會背景，提出相當具有說服力的解釋。她可以寫得那麼好，正是因為它建立在廣泛閱讀的基礎上。凡是寫出傑出論文者，我從未敢輕易遺忘。怡慧正是其中的一位。她的學校是在新北市新莊的丹鳳國中，曾經邀請我到那裡演講。

那個校園使人喜歡，乾淨、整齊、新穎，是非常好的教學環境。現在她擔任的是學校圖書館館長，印象裡，總以為她已經偏離了國文教學。如今，接到她的書稿，才發現她對國文教學做了很多貢獻。

在她的構想裡，圖書館不是靜態的建築，也不是藏書的空間。正是站在那樣的位置，她把圖書館的資源翻轉成閱讀的動力。我生命經驗中經歷過的中學與大學圖書館，一直就是安靜地座落在校園的角落。中學時期，圖書館是非常寂寞的地方，幾乎就是一個藏書館。印象最深刻的是，那裡只是提供學校老師翻閱報紙，很少聽說同學從圖書館借書出來。我是一個充滿高度好奇心的學生，在成長歲月裡，會主動到租書店借書。當然，學校的圖書館也不會放過。記憶所及，好像只有我一個人出入那裡，不停地借書還書，卻不曾遇到自己的同學。如果有所謂啟蒙階段，中學時期的圖書館，可能就是一個關鍵點。

宋怡慧在她的學校主動提倡閱讀，對我來說，那是相當稀罕的事情。一種讀書風氣的養成，恐怕不是依賴圖書館長來推動。當整個社會流行著某些偏頗觀念，例如「不要輸在起跑點」，或是「人生勝利組」，學生已經淪落成為家長願望的替代品。在父母強烈的期待下，孩子被要求從早到晚都要讀書、讀書、讀書。他們觀念裡所說的讀書，絕對不是我們所說的閱讀。父母只希望他們把教科書讀得滾瓜爛熟，希望他們取得高分，最後考上明星學校，願望就實現了。為了配合家長，學校上下也通力合作，認真執行讀書的願望，把整個世界壓縮在教科書裡。

讀書不等於閱讀，教科書不等於知識，考試不等於修養，明星學校不等於全世界。但是現在的教育制度，卻想盡辦法將這些等同起來。舉世滔滔之際，宋怡慧提出閱讀的構想，容許學生可以在教科書之外，進一步接觸更豐富多元的書籍。她要活化圖書館，使學生都有借書的欲望。這樣小小的改變，對於寧靜的校園環境，幾乎是一場前所未有的革命。

以喜悅的心讀著她的書稿，我終於察覺怡慧再也不是那位教室裡羞怯的學生。她走出她的生活，把她所擁有的資源完全開放給校園的老師與學生。這兩年來，「翻轉教學」已經慢慢形成一股風氣。所謂翻轉，卑之無甚高論，只要稍稍更動一下既有的觀念，那就是一次重大的翻轉。把學習權交還給學生，而不是由老師來領導填鴨式的教學。刺激學生學習的欲望，比起由老師單方面的教學，還來得更為活潑而充滿動力。同樣的，把讀書翻轉成為閱讀，便是讓閱讀權回歸到學生身上，使他們在認識世界時，可以找到多元管道。

閱讀的樂趣，在於透過課外書的接觸，動態地觀察這個世界。教科書所帶來的知識極其有限，而且都是訓誨式的教導，並且以考試為目標。課外讀物的閱讀，可以使學生的心靈擴展到校園的圍牆以外，教科書的格局以外，能夠產生感動、喜悅、悲傷、同情的人文精神。怡慧構想中的閱讀，已經不止於校園，她還與社區聯繫起來，更與其他校園聯手起來，這種閱讀上的翻轉，似乎也開始慢慢形成一種運動。當年在教室裡，我所鼓勵的閱讀，現在已經更生動地由怡慧繼續推廣。閱讀這份書稿時，從內心不禁發出吶喊：「翻滾吧！孩子」，「翻轉吧！老師」。

來自各方，118位齊聲推薦

（依姓氏筆劃順序排列）

大學教授、各界名人

王雋蔚（美商博隆能源公司Staff Engineer）
曾乾瑜（誠品文化藝術基金會執行長）
吳成夫（旅遊節目主持人、作家）
邱宜文（國立台北商業大學教授）
李孟樺（國立台北護理健康大學助理教授）
宋隆發（課程研發、作家）
林呈潢（輔仁大學圖資系教授）
林偉人（輔仁大學師培中心主任）
許毓仁（TEDXTAIPEI策展人）
徐銘謙（千里步道副執行長、作家）
陳木城（兒童文學作家）
陳芳明（國立政治大學台灣文學研究所教授）
陳勇君（博客來書店經理）
陳舜德（輔仁大學圖資系主任）
張麗玲（中華民國圖書館學會高中職委員會主任委員）
蔡淑媖（新莊說故事協會理事長）
劉駿豪（得勝者文教執行長、作家）
鄧慧恩（清華大學人文社會學院助理教授）
賴人碩（台灣新銳建築師）

國、高中校長

古秀菊（新北市立丹鳳高中校長）
江惠貞（台北市立南港高工校長）
李立泰（新北市立泰山高中校長）
吳吉助（新北市立板橋國中校長）
吳宗珉（新北市立竹圍高中校長）
施青珍（新北市立三和國中校長）
柯雅菱（新北市立雙溪高中校長）
曹永央（新北市立光復高中校長）
陳君武（新北市立貢寮國中校長）
張俊峰（新北市立鶯歌國中校長）
陳玉芬（新北市立永和國中校長）
陳棟遠（新北市立秀峰高中校長）
童文志（台南市立永康國中校長）
黃淑美（新北市立育林國中校長）
楊書端（彰化縣立大城國中校長）
薛春光（新北市立北大高中校長、全國校長協會理事長）
賴來展（新北市立正德國中校長）
簡淑玲（嘉義縣立溪口國中校長）
羅國誠（新北市立萬里國中校長）

高中閱讀學校主任

朱志文（新北市立錦和高中圖書館主任）
范綺萍（新北市立秀峰高中圖書館主任）
徐政業（新北市立海山高中教務主任）
莊智鈞（台北市立大同高中教務主任）
涂萬進（國立暨大附中圖書館主任、全國高中職圖書館總召）
陳司樺（新北市立林口高中圖書館主任）
張芸棻（台北市立成淵高中教務主任）
陳美秀（嘉義縣立永慶高中校長秘書）
陳榮德（新北市立清水高中校長秘書）
葉志強（新北市立三重高中總務主任）
黃志傑（新北市立明德高中教務主任）
彭盛佐（新北市立北大高中輔導主任）
舒富男（台中市惠文高中教務主任）
楊鵬耀（新北市立錦和高中教務主任）
謝明興（彰化縣立和美高中教務主任）
鄭敬儀（新北市立金山高中教務主任）
顏龍源（新北市立三重商工教務主任）

高中閱讀推手

吳孟仁（新北市立錦和高中採編組長）
余念纁（國立竹山高中教師）
呂郁雯（台北市立百齡高中教師）
李榮哲（台北市立建國中學教師）
呂翠屏（台北市立景美女中實研組長）
許佑任（台北市立木柵高工教學組長）
侯思嘉（高雄市立楠梓高中教學組長）
凌性傑（台北市立建國中學教師、作家）
陳怡樺（台北市立建國中學教師）
陳雅紋（台北市立明倫高中實研組長）
張鈺民（台北市私立再興中學教師）
陳曉芳（國立斗六家商教師）
葉炘樺（桃園縣立平鎮高中國文老師）
游薏雙（台南市立新化高中國文老師）
楊朝淵（國立清水高中教師）
詹嘉芸（新北市立中和高中教師）
蕭莉婷（新北市立新北高中教師）
顏郁婷（國立新竹女中教師）

國中閱讀學校主任

花瓊華（新北市立頭前國中輔導主任）
林興壽（高雄縣茄萣國中教務主任）
洪慶源（新北市立中平國中總務主任）
許志瑋（台中市立大墩國中輔導主任）
陳政一（澎湖縣立文光國中教務主任）

楊太元（彰化縣陽明國中總務主任）
虞音蓓（新北市立板橋國中學務主任）
蔡佳真（新北市立福營國中教務主任）
蔡依倫（新北市立樟樹國中學務主任）
謝政哲（台南縣立學甲國中輔導主任）
簡志銘（宜蘭縣羅東國中教務主任）
蘇如香（新北市立新莊國中輔導主任）

國中閱讀推手

江雅茹（宜蘭縣國華國中）
李俊緯（新北市立自強國中教師）
呂淑玲（台北市立景美國中教師）
李鳳華（台北市立景興國中教師）
林薏婷（台北市立仁愛國中教師）
侯之惟（台北市立敦化國中教師）
胡杏宜（新北市立文山國中教學組長）
莊惠玲（新北市立頭前國中教師）
張文銘（台中市立光德國中設備組長）
陳虹臻（高雄縣立鳳西國中教師）
張麗莉（新北市立頭前國中設備組長）
黃亦凡（桃園縣桃園國中教師）
黃仲玉（新北市立永和國中教師）
曾萍萍（桃園縣文昌國中教師）
葉書廷（新北市立新埔國中教學組長）
楊志朗（彰化縣鹿鳴國中教師、作家）
蔡宏修（桃園縣瑞坪國中教師）
劉清蓮（台北市立中正國中教師）
蔡餘宓（台中市立居仁國中教師）
鄭婉儀（台北市立龍門國中教師）
簡鳳容（台北市立誠正國中教師）

國小校長、閱讀推手

江福祐（新北市立板橋國小圖書館閱讀推動教師、作家）
邢小萍（台北市立新生國小校長）
李秀君（新北市立裕民國小教師）
吳淑華（新北市立蘆洲國小教師）
林愛玲（新北市立米倉國小校長）
張孟熙（新北市立山佳國小校長）
陳威儀（新北市立裕民國小教師）
張聖山（高雄市立新上國小教師）
陳麗雲（新北市立修德國小教師、作家）
黃秀精（新北市立麗林國小教師）
廖建超（新北市立麗園國小教師）
賴玉倩（台北市立葫蘆國小教師）

如何推動校園閱讀50招

1 推動全校閱讀前，可先從SSOWTS分析閱讀環境後，再擬定短期、中期、遠期的計畫，就能循序漸進地推廣校園閱讀。

2 閱讀教育的重點在帶出孩子的閱讀興味，絕不是侷限在課本上的考試知識，閱讀應該從體驗生活開始做起。

3 營造書香滿校園的環境：校園轉角處，閒置空間都能規畫成主題閱讀、作家學習角。

4 行動圖書館，巡迴書香都能營造「處處有閱讀、人人擁書讀」的校園閱讀風氣。

5 圖書室每月都要更新主題書櫃，可搭配作家人形立牌、主題海報等，再輔以不定期的摸彩、贈書等小活動，學生就會主動走進圖書室繞繞逛逛。

6 帶學生到圖書館參觀時，可以指導他們利用圖書分類法，找到自己需要的書。

7 鼓勵學生為閱讀代言，組成閱讀大使團，推廣校園閱讀、班級閱讀。

8 給讀者一張舒服的椅子坐，讓他讀不累，閱讀時間自然就能持久了。

9 書庫區建議以白光為主，方便找書；主題書櫃區以黃光為輔，容易吸引讀者停下腳步來翻閱書。

10 放置書籍的書架不過宜高，超過孩子身高的書不方便瀏覽、取書，以目光所及為最佳。

11 好的圖書館具備「五要」特質：館藏要豐富、設備要新穎、館員要有專業熱忱、空間要舒適優雅、輕鬆安靜，服務要以客為尊、處處創新。

12 繪本、工具書等彩頁多或頁數多的書，要定期實施曬書，讓書籍保存年限能拉長，也能順便整理大型套書。

13 校園推廣閱讀，不能只有寫心得，可以搭配戲劇表演、K歌大賽等活動，讓閱讀的展現更多樣化。

14 做好晨讀四大招：師生一起來、每天不間斷、從自己喜歡的書開始、只要讀就好了。

15 招募校園閱讀志工能解決人力不足的問題；引進業界閱讀資源，解決物力不足的問題。

16 早自習可搭配晨讀十分鐘或讀報教育，培養學生的閱讀習慣和興趣。

17 老師是學生典範閱讀的引領人，老師自己就要愛書、喜歡讀書。

18 線上班級讀書會可以透過閱讀回饋平台，供讀書會成員不受時空限制，隨時能表達意見與看法，與其他人互動。

19 善用班級書箱、書櫃，讓學生隨時隨地都能在班上找到書籍閱讀。

20 進行班級布置時，可加入樂讀角落、閱讀標語、閱讀看板，讓教室變身為一個小圖書室。

21 辦理班級讀書會，透過團體共學的力量，培養孩子讀思並重的能力。

22 班級閱讀完，一定要進行小組聊書，小組人數約五至六人。成員的組合以活潑及安靜的學生各半同組，健談的帶動文靜的孩子，進行文本討論，效果會更好。

23 老師要善用班會課與學生聊書，因為閱讀後的對話分享是很重要的一環。

24 閱讀環境的布置不在華麗，而在圖書館員的巧思與創意：一幅好圖、一對好字、一張海報、一櫃好書，一個小小的改變就能吸引讀者走進圖書室。

25 制定多元閱讀評量，班級認證、融入學習單或紙筆評量、自主學習計畫，都能有效提升學生閱讀的策略。

26 善用班級FB、部落格，可隨時更新閱讀資訊，也能做線上讀書會。

27 每天早晨善用閱讀值日生、讀報主播團，為全班朗讀一本好書推薦文，讓師生一早就領略閱讀的樂趣。

28 班刊可加入新書報馬仔、好書園地、小小寫書人等有創意的閱讀成果。

29 台灣溼度高，地板容易受潮，圖書室經費千萬不要先花在鋪設木質地板上，尤其脫鞋坐在木質地板上，因容易腰痠背痛，專注力也無法集中。

30 班級閱讀可以舉辦閱讀PK擂台，不僅能提升學生閱讀的量，也能激發學生的閱讀動機。

31 為孩子選書的基本原則：內容精采、文筆流暢、可以對話。

32 開放全校師生填寫新書推薦單，經審核通過後，再把新書送給推薦者借閱，圖書的流通與借閱率就會提升。

33 圖書採購要以讀者為優先考量，以適合學生年齡閱讀、有益學生身心閱讀的讀本為主。

34 小學生適合繪本、童話、橋樑書；中學生適合主題閱讀，如科普、小說等。

35 教導學生善用工具書，就能引導學生進入獨立閱讀的階段。

36 選書的策略是指導孩子以「作者」、「主題」與「經典」三個方向來讓孩子自由選擇，進而大量閱讀。

37 知己知彼，百戰百勝——推薦書籍時，須先了解青少年喜愛的讀物：男生以推理、奇幻、歷史、圖像書為主；女生以愛情、推理、奇幻、圖像書為主。

38 實施閱讀指導課，教師要合作教學，以共同備課來設計文本提問。

39 閱讀教學可搭配朗讀教學、影音融入閱讀、走讀課程等來翻轉閱讀。

40 善用聯絡簿功能，每周可固定一天，進行佳句摘錄、閱讀心得、問題分享等三主題的互動。

41 善用過期報紙，再把主題相關的新聞，剪報整理成一篇B4大小的主題報導，供班級同學閱讀。

42 推動讀報教育時，必須先進行畫線法，再為新聞找主題，做三十字讀報心得等。

43 閱讀不限於書本，鼓勵學生多元閱讀，從電影、圖表、廣告、旅行等，廣泛閱讀。

44 教師可循序漸進設計易、中、難三種層次的提問：第一種是知識擷取的基礎題，第二種是綜合數個基本概念統合題，第三種是省思與對話題。

45 教師實施提問教學時，必須讓每個學生都有發言的機會。讓少發言的學生先回答擷取訊息的題目；讓閱讀力好的學生回答省思文本題。

46 如果有學生在課堂上都不主動發言或回答時，下堂課，老師就要準備把第一個提問的題目留給這類的學生。

47 閱讀就是遊戲，閱讀要有趣味：讓孩子自己動手設計閱讀宣言，提醒學生閱讀的重要。設計班級閱讀任務單，讓學生循序漸進學會閱讀一本書。搭配與書籍相關的闖關遊戲、尋寶活動等，激發學生閱讀動機，也增添閱讀的趣味性。

48 設計多元閱讀學習單，讓學生可以用畫、唱、跳、說等活潑方式來展現閱讀成果。

49 教師必須善用閱讀獎勵，無形的獎勵，才能長期培養學生的閱讀習慣與榮譽感。

50 培養學生一邊閱讀，一邊隨手做筆記。記錄閱讀大綱、重點摘要、畫出整理表或主要的圖表後，不僅容易記住主旨，閱讀後也容易搜尋與應用。

如何推動親子閱讀50招

1 父母要以身作則做家庭閱讀的楷模，和孩子一起培養閱讀習慣。

2 訂出固定家庭閱讀的時間：每天挑選出一段固定的時間，安靜地陪伴孩子讀書至少十五分鐘以上，也是家庭所有成員共同的閱讀時間。例如，吃完晚飯後的三十分鐘、睡前十五分鐘。

3 父母剛開始進行親子閱讀時，不要急著丟純文字書給孩子讀，這不只會嚇到小孩，也會讓他失去閱讀的興趣。圖像書的閱讀，較適合滑世代的孩子來入門學習。

4 孩子問書本問題時，父母不要馬上給答案，可以引導孩子從書中自己找答案。

5 看完一本書，父母可以請小孩把內容説給自己聽，不一定要強迫孩子寫心得。

6 讓孩子學會每天固定填寫閱讀紀錄表，培養孩子持續閱讀的能力。

7 鼓勵孩子利用零碎時間閱讀。到哪裡都帶書報，隨身、隨時讀。

8 鼓勵孩子多用文字表達時，可善用閱讀便利貼，用簡單的字彙寫小紙條給孩子，與孩子分享心得，同時也鼓勵孩子也用文字來回應自己的文字。

9 從孩子的上網時間偷出時間來閱讀。有閱讀時間，就可以有上網時間。

10 讀物要以淺入深，以建立孩子的閱讀自信心。

11 每個家庭一定要有定期、定額的買書基金，培養親子愛書、閱讀的風氣。

12 循序漸進地培養孩子選書、購書的能力，別用大人的價值觀和眼光為孩子選書。

13 把閱讀的選擇權還給孩子，支持孩子閱讀他喜歡的、覺得有趣的書籍。

14 閱讀習慣的培養，應該從自己喜歡的書籍開始做起。讓孩子選擇喜歡的書閱讀時，閱讀時間才能逐日增長。

15 主動為孩子介紹好書。培養孩子了解一個人讀過什麼樣的書，未來也會成為什麼樣的人。

16 父母要為孩子提供一個良好、溫馨、舒適的閱讀環境，有助孩子培養閱讀習慣。

17 五到八歲的階段，是父母從伴讀到培養孩子獨立閱讀的黃金期。

18 讓孩子隨手可取得讀物，這樣的經驗，有助於孩子提高閱讀的動機與興趣。

19 有步驟地與孩子討論書的內容，也可以鼓勵孩子自己寫感想，或把他想講的笑話寫下來，這都是促進孩子讀、寫能力提升的方法。

20 書本盡量和孩子最喜歡的東西放在一起，例如，玩具。除了增加孩子的注意力外，也能加強孩子親近書本的機會。

21 讓圖書館成為家庭旅遊、休閒的一種選項。例如，北投圖書館的綠建築、埔里圖書館的室內規劃，都能讓孩子從玩樂中愛上閱讀。

22 親子閱讀發展的第一階段是零至兩歲，屬於語言發展期。親子閱讀為父母單向為孩子唸故事、說故事，孩子開始能透過傾聽，學習知識。

23 親子閱讀發展的第二階段是兩歲至六歲之間，孩子透過直接經驗和知識的累積，開始有抽象的概念，這也可從圖畫書及生活經驗相關的繪本閱讀起。

24 親子閱讀發展的第三階段是六至十一歲，除了文學性讀物（故事、散文、寓言、童話、小說、神話、民間故事、繪本、詩歌）外，知識性的讀物（自然、科學、傳記等）也是不可少的。

25 孩子閱讀完後，父母可以透過搶答遊戲、角色扮演、故事接龍等生活化的方式來鼓勵孩子閱讀後多元成果的展示。

26 一些手工實作類的書籍能激發兒童的創造力與想像力，所以有些食譜、畫冊，只要孩子願意閱讀，都不要阻止他們。

27 優質的漫畫和雜誌可以看作是文字閱讀的延續，大多能擴展孩子的知識和視野。閱讀不要有壓力，如果一本書讀了幾頁後，會感到無聊、困難時，換本書讀。

28 多鼓勵孩子閱讀完能發表與分享，父母要持著正面、鼓勵的角度來評價孩子的發言與表達。

29 如果經濟條件許可，一定要空出一個房間當作書房，讓孩子有固定閱讀的環境。

30 如果家中空間不夠，可在客廳的某一角，擺置書桌和椅子，陪他一起閱讀。

31 一個月固定一次，找孩子一起到書店或圖書館去閱讀。請孩子盡量閱讀坊間最新出版的書籍，讓孩子隨時更新閱讀市場的資訊。

32 培養孩子閱讀習慣時，安靜的環境、充足的光線，都有助於孩子注意力集中，容易進入閱讀情境。

33 家中可以有一個閱讀牆，例如張貼孩子作品，或是親子閱讀分享塗鴉區等。

34 有機會，就帶孩子去看小說改編過的電影，這有助於孩子再去閱讀原著小說，例如，《哈利波特》、《暮光之城》、《野蠻遊戲》等。

35 每天閱讀完，讓孩子試著靜默地想一想兩分鐘的時間。讓他澄清讀完這些章節，是不是有疑問？是不是想對作者說些什麼？有助孩子去歸納整理文本的重點。

36 家中書藏量應與孩子的閱讀力成正比。因此，父母選擇好書，送給孩子當作禮物，是彼此雙贏的作法。

37 家庭閱讀活動越頻繁，親子互動不只會變好，親子共讀的機會也會提升。

38 為孩子安排有意義的藝文活動、展覽、演講等，這是最容易和閱讀結合的活動，也有助於孩子多元閱讀能力的養成。

39 假日若能全家人到戶外閱讀，不但能曬曬太陽、呼吸新鮮空氣，也能享受陽光閱讀香的時光，不僅愜意，也容易提升孩子閱讀的樂趣。

40 書籍不侷限放在書房，家中隨處、隨手，若都能讓孩子拿到書，孩子打開書閱讀的機會就會多。

41 許多各行各業有成就的人，都是愛閱讀的人，例如，方文山、吳寶春。若能找到這些名人為家庭閱讀代言，就能增強孩子閱讀的動機。

42 不管孩子多大了，偶爾為孩子朗讀一段文字，或請孩子為你朗讀一段文字，不僅能相互學習聲情，也能增進彼此情感的交流。

43 親子共讀的時間，可以安靜的讀，也可以用朗讀的方式進行，只要輪流搭配，親子閱讀的方式就能多樣化。

44 每月固定一次家庭讀書會，不僅能培養孩子的閱讀習慣，也能訓練孩子口語表達的能力、思辨力，還能做親子間的觀念溝通，是一舉數得的閱讀活動。

45 從孩子的世界來分享書、聊書。不過，在語彙使用上，要能接近孩子所能理解的，用孩子的角度來解讀文本。

46 孩子閱讀的書籍，父母一定要先閱讀，才能掌握書籍內容的前因後果，當孩子提出問題時，也才能引導他找到答案。

47 家中一定要有協助閱讀的工具書，例如，辭典能讓孩子隨時查閱生難字詞，不會有閱讀理解上的困難。孩子若遇到句子讀不通，或看不懂的地方，可先請他用鉛筆畫上問號，等孩子全文讀完後，再協助孩子找出答案來。遇到優美詞句時，請他用螢光筆註記或抄錄，這也能培養孩子邊閱讀邊畫線的能力。

48 父母要善用閱讀文本來教會孩子某些品德，例如孝順、友愛、體諒等抽象的人格養成。父母可以透過閱讀與討論，和孩子建立共同價值觀與優良品格的養成。

49 父母應鼓勵孩子從閱讀與觀察自然環境中，培養自己一花一天堂的想像力。

50 父母要保有一份赤子之心，和孩子一起閱讀兒童讀物，也願意不厭其煩地為孩子做文本討論的提問設計，找到和孩子分享彼此生活的感動，這是親子閱讀最重要的一種互動模式。

《愛讀書——我如何翻轉8000個孩子的閱讀信仰》

目錄

圖書室起死回生（上）

「我真的可以讓圖書室起死回生嗎？」

「我會不會又患了唐吉訶德式的、無可救藥的浪漫？」

在炙熱的暑假，當別人都在開心放假時，我心裡卻像有顆大石頭般，一遍遍問自己。

為了圖書室，接下設備組長一職

二〇〇六年的暑假異常溽熱，揮別了課室教學的斑斕雲彩，我選擇走向另一條人煙罕至的未知路徑。

接任丹鳳國中設備組長的初衷，是那間維繫著全校閱讀命脈的微熱山丘——圖書室。因為未知，我對那間小小的圖書室充滿了期待的想像與熱情的擘畫；也因為未知，我展開一連串打造圖書室的挑戰與閱讀探險的生活。

難忘當初一轉開木門軸後，眼睛所看見的景象：撲鼻而來的舊腐氣味，滿室幽微的光線，還有那沾染灰塵、泛黃污漬的經典好書，有的摔落斜掉在書櫃下，有的被丟在回收籃邊。

它們的模樣一點也不討喜誘人，而且還找不到安身立命的地方。這樣的遭遇，頓時讓我有些心酸，更別說，會有人想打開它、與它對話，好好閱讀了。

再走向教具媒體區，情況真的更慘烈了，不僅滿室雜物散亂堆放，許多教學錄影帶內內外外都潮濕、發霉了，不時還會踩到因滲水而自成一區的積水小池。

嚇到奪門而出

正想掩鼻而出時，突然，幾隻在地上亂竄的蟑螂從我腳上爬過，這些小東西真的惹得我驚聲尖叫了起來！驚魂未定時，還看見一隻腦滿腸肥的鼠輩對著我睥睨而笑，天呀！我現在到底身處何處？看來，我目前唯一的選擇就是奪門而出，當我飛奔而出，且狼狽地關上了那門扉時，我早已嚇得上氣不接下氣。

臉色蒼白的我，橫倚在圖書室門前發呆，一群九年級返校打掃的孩子喚住我。

「老師，你在做什麼？放暑假，怎麼不回家休息？」孩子有些疑惑地問。

「老師，你氣色不好耶！身體不舒服哦？」孩子關心地問著。

「老師，你『靠』在這裡，做什麼？」孩子戲謔地問我。

沒錯，我應該是「瘋」了，放著藍天碧海的瑰麗假期不好好relax，竟做著打造圖書室的青春大夢，這舉動看來真有點夸父追日的荒誕不羈。但，我真的要這樣不負責任地「落跑」嗎？還是輕易地就「認輸投降」了？

「我真的可以改造圖書室成功嗎？」

「我會不會又患了唐吉訶德式的、無可救藥的浪漫？」

「我要改造這間小小圖書室，不是普通的棘手，是非常的棘手。」

「我現在選擇『回頭是岸』，還有機會嗎？」

這些聲音反覆交戰著，又一直在我耳邊迴盪……想清楚了，就放膽去做吧！我該相信自己，該相信上天讓我在這個時間點出現在這間小小的圖書室，真的有它的意義，我或許可以為這個校園做點什麼事。

還有，**我真的想要讓學校圖書室被大家都「看見」**。

閱讀，療癒青春期的自己

當時那份熱愛閱讀、與書為伍的生命鼓音，為何這樣震聲隆隆地叩響我的心扉？搖撼著我的感知？讓我在未來推動閱讀活動或課程的日子，即使步履踉蹌，也能身影獨傲；即使有風有雨，也能無畏無懼。

只是，圖書室不僅大隱隱於校園不起眼的角落，竟然還給人闃暗微霉、灰塵微積、通風不良的印象。一個令人退避三舍的地方，未來有可能成為門庭若市的人文薈萃處嗎？我有什麼人力、物力，或是支持的力量，可以讓我反敗為勝？可以讓我化危機為轉機？這個地方會有起死回生的機會嗎？

青春期的我，是靠著中學圖書室的書籍，療癒內心的自卑、怯懦，是書中的作者告訴我，孤獨是最好的成長養分，是《小王子》帶領我遨遊想像的世界，有了夢想起飛的翅膀。我怎麼可以讓一間遠在天邊近在眼前的圖書室，好像在學校隱形了。

孩子們義務相挺、幫忙

當我探詢地問著：「你們願不願意幫忙老師，整理年久未整理的圖書室？整理好，老師一定請大家吃麥當勞！」

「Yes，老師需要我，我一定都在！」孩子豪氣地說著。

「我閒著也是閒著。選我選我！」女孩淘氣地揮著手。

「我不是為了麥當勞才參加的哦！我是喜歡……老師！」那女孩說話的語氣感動了我，心裡籠罩著暖暖的熱流，眼睛漸漸濕潤了起來。

忽然男孩冒出一聲吆喝：「那我們快去找些打掃用具，待會兒和老師一起進去圖書室打掃。夏天玩水，洗刷刷、洗刷刷，一定特別暢快吧！」

幾個貼心的小蘿蔔頭以迅雷不及掩耳的速度，衝回教室拿來幾支掃把、拖把、幾個水桶，還有抹布、菜瓜布、垃圾袋……自動分好打掃組別的孩子，彷彿以驍勇善戰之姿，準備要到圖書室這個戰場好好地開疆闢土一番，神采奕奕著。

這一刻，我感覺到全世界都在幫助我，勇敢地向前走……

如何改造圖書室？你可以這樣做（上）：

1. 改造圖書室不能只有硬體工程，尤其不要花大錢，鋪設整間木質地板的圖書室，因為木地板容易受潮，保養不容易。若要青春期的孩子脫下鞋子，蜷曲著身子坐在地上閱讀，真的會腰痠背痛哦！

2. 仔細觀察師生閱讀的習慣，用貼心的空間設計，吸引師生入室。例如，在圖書室人潮較少的區域，設置幾張舒適的個人閱覽桌椅，周圍的圖書就容易行銷出去。

3. 將圖書室裡，看似畸零、較不起眼的角落，放上幾張造型別緻，又符合人體工學的椅子，加上幾盞立燈，讓空間做最好的運用。

4. 校園若有廢置的空間，又鄰近圖書室，可布置出適合進行班級閱讀課程的教室來。

圖書室起死回生（下）

「天呀！有臭味！還有霉味！空氣好差，我想吐了！還有可怕的蟲子在跳！……」

孩子的熱情一個個被這無法想像的髒亂景象給震懾得委頓了起來——他們也想要逃了。

興致勃勃的孩子們甫入室，他們的熱情卻被圖書室的環境打擊得敗下陣來。

「天呀！有臭味！還有霉味！空氣好差，我想吐！還有可怕的蟲子在跳！我不喜歡這種潮濕又悶熱的窒息感……」孩子的熱情一個個被這無法想像的髒亂景象給震懾得委頓了起來——他們也想要逃了。

「啪！啪！啪！」不知哪裡冒出來的勇氣，讓我有著風蕭蕭兮易水寒，壯士一去兮不復還的心情，拿著掃把，快手揮打著蟲子，希望牠們快快逃竄，不要嚇到打掃的孩子們。

「老師，你的臉好紅，還有……額頭有小紅疹耶！」女孩擔心地問著。

「老師，你要不要休息一下？我們不會怕，交給我們！」男孩義氣地說。

不知為什麼，望著孩子天真的臉龐，竟讓我說出當年考聯考的必勝口吻：「我可以撐。萬事起頭難，老師一定要跨出這一步，雖然我很怕髒，也怕塵蟎會讓我過敏，但是，我真的想試試看……我想當丹鳳閱讀的『阿姆斯壯』，現在我們走出的一小步，未來會是丹鳳閱讀的一大步……」

當我說完這些話時，孩子竟不約而同地為我鼓起掌來。

「老師，你口氣不小，有點臭美，不過，我很喜歡！」

「老師，你哪裡來的梗，是你的閱讀宣言哦！」

「別笑老師了，會把她的大膽嚇跑哦！哈哈哈……」

孩子你一句、我一句地說著。很多對話的片段，至今仍常出現在我最失落、最挫折的時候，不斷在我心中響起、鼓勵著我，讓我無法忘卻當年那份對閱讀推動的榮耀感與使命感，是如此堅定而不怕失敗的呀！

永遠烙印在心版上的畫面

那天午後，身處斗室的我們，如何能忍受一波又一波襲捲而來的溽濕癢熱感？是那群孩子教會我只要有樂觀的心情，就能解決所有問題。

當他們用高亢歡愉的歌聲唱和著節奏輕快的舞曲時，那暗黑的圖書室頓時閃亮得像星光舞台。孩子即使因酷暑悶熱的空氣而汗如雨下，卻絲毫沒有抱怨，他們體會著有夢最美、服務最樂的心境。能和他們一起度過那美好的午後，是多難得的人生境遇。

孩子們濕透身子的背影，永遠烙印在我的心版上，清晰如畫。

灰黑地板大變身

當孩子用完最後一桶水，將灰黑的地板沖洗到潔白、淨亮時，我們都忍不住脫掉鞋襪，赤腳踩在沁涼的地上，溜來溜去，甚至就乾脆豪放地躺成大字，享受那掃除完給予我們澄澈透明的暢快感與盈滿心懷的成就感。

「老師，我們完成十分之一的圖書室大淨身，還有九次，就可以變身成功！」

「老師，要不要再來約明天圖書室『變身』的時間？我們可以再找救兵，再找更多人，比較快完成這個大工程！」

「老師，可以在圖書館的地板上簽我們的名字嗎？因為這塊地是我刷的……」

孩子與高采烈地說著。眉飛色舞之間，我也感染了這份對未來圖書室改造成功的信心與行動力。

「原來，老子《道德經》中提到：『九層之台，起於累土；千里之行，始於足下』的道理，就是此刻的體悟與心情。孩子們，今天，我們做了一件很厲害、偉大的事哦！」

當我說完這些話時，孩子們搔搔頭，詼諧地說：「老師，不要用古人的話為難我們，我們聽不懂啦！我是來掃地、拖地，不是來讀書的……」

「老師，打掃可以，不要叫我讀書哦！」

「老師，打掃完，就馬上要上課了哦！頭很暈耶！」

不知為何，當大家拚命吐槽我那句高明的掃除心得後，一個個都笑翻了身子。

孩子手心的溫度

這個下午，不僅拉近了我們的距離，也讓我知道看似年輕的我，還不了解新世代孩子的心，我該好好研究研究我的「閱讀顧客群」了。

「嗯！我了解了！那去吃東西吧！明阿早的氣力，麥當勞攏甲哩傳便便！」當我用不太標準的音調說出這句子時，他們開心地拉著我的手往校門口方向衝：「老師，麥當勞來了！讚哦！」

那天，我望見夕陽餘暉灑在孩子的髮梢上、笑靨中，也把孩子的身影都映照得好美麗、浪漫。

是孩子手心的溫度，讓我能勇敢地在未知的書林中「跨」出這一小步。未來，我將走向百里長征的閱讀之旅……

最壞的時刻已經過去了，孩子的熱情與執著，注定我們可以在這個時機點上，將大刀闊斧地「大做特做」一番，憑藉著「明知不可為而為之」的衝勁，以及「化腐朽為神奇」的巧思慧心，相信自己：只要繼續「做」，圖書室閱讀的繁花盛景，應該很快就會來臨了。

如何改造圖書室？你可以這樣做（下）：

1. 圖書室的採光和通風很重要，因為它會影響讀者進圖書室的第一印象，所以，書庫區建議以白光為主，主題書櫃區以黃光為輔。若能製造光影微妙的參差美感，那麼，孩子更容易找到自己喜歡的書。

2. 放置書籍的書架，不宜高過孩子的身高，因為瀏覽選書、取書，都會造成讀者的不方便。

3. 行銷經典好書時，可以將書籍放在與孩子目光平行的書架上，不僅能加強學生印象，孩子也會因為隨手可拿，較容易取來閱讀它。

4. 時時整理圖書，把書籍排列整齊，這雖然是很小的動作，卻是展現對讀者尊榮的重視與貼心的表現。

圖書室的大祕密

孩子似乎發現了圖書室的大祕密。

「老師，我們很努力，想把書放到第一類和第二類的書箱，但，真的做不到……」

和孩子奮戰十來天的圖書室，終於有改頭換面、煥然一新的感覺了。至少，打掃過的地板會閃閃發光，因為孩子用心打蠟過了；蒙塵的桌椅，不再令人卻步，因為孩子用情擦拭過了，小小的圖書室也開始縈繞著明淨的閱讀氛圍。

只是，讓我傷透腦筋的還是那些無從整理起的一萬多冊圖書。該怎麼汰舊換新？怎麼分類？該怎麼讓所有書籍有個「專屬書架」？這些問題又開始困擾著我！

搬張小板凳，學會編碼

前幾任設備組長在經營圖書室時，大多採用七大領域、八大類的方式來擺置館藏圖書（國文科、英語科、數學科、社會科、自然科、健體科、藝文科、綜合科），但這樣的圖書分類法，卻讓學校圖書室無法和其他鄉鎮市立圖書館，或其他學校進行館藏流通的活動，因此，重新整頓學校圖書流通、管理系統，成了我的第一個重要工作。

對電腦一竅不通的我，首先必須要做的事，就是增進自己的資訊能力。因此，我和資訊組長懇談，希望能預約他兩個禮拜的下班時間，也期待他能撥出時間指導、協助我一些簡單的文書處理、簡報製作，還有如何使用圖書館裡系統的編碼、條碼列印等工作。

熱情的他，毫不猶豫就收了我這個徒弟。

還記得每天下班後，我就拿個自己專屬的小板凳坐在他的旁邊，像個認真聽講的小學生，把他所教的所有電腦程序與步驟，用相機拍、用手抄，深怕遺漏。然後趕緊現學現做地找部電腦練習，希望讓自己能快點練出成績、熟稔上手。

好幾次，看見他用「一指神功」就處理完校園大大小小的電腦問題，心中不由得佩服，原來專業才能贏得大家的尊敬，我也不能尸位素餐，要加緊學習的腳步，讓學校的圖書管理系統早點到位。

兩周後，我終於學會所有的圖書編碼、列印、上架，緊接著，就要開始整理全校一萬多冊的書籍。

一萬多本書，能上架的關鍵

很難想像，我在木頭書架上，發現被畫得亂七八糟的國中參考書、發霉受潮的《中國憲法》、書皮脫落的《老夫子》漫畫，還有快把鐵製書架壓垮的《百科全書》……天呀！看到這些不合時宜又錯亂位置的書籍，我該從何整理起呢？

還有，如果我希望十月份能正式開放圖書室，那麼從現在算起，也只剩下六十多天的時間了，這樣，我平均一天就得整理、編碼好兩百本書。

這看似簡單的任務，卻困住了公務纏身的我。

因為設備組長不只要經營圖書室，舉凡電視壞了、燈管不亮了、教學設備毀損了、專科教室的使用與管理、教具的借用與維護，都在我的業務之中。因此，正常的上班時間，我幾乎疲於奔命，不斷地穿梭在校園裡，為大家檢修教具、教媒。

我念茲在茲的圖書室，也只能利用下班時間再去整理了。

只是單打獨鬥的我，好像快要陣亡了，到底有誰能來幫我？

這個揪心的焦慮，讓我做起事來開始有氣無力、心煩氣躁的。幸好，細心的設備組小義工學生，竟觀察到我心情上的微妙改變。

「老師，你和師丈吵架嗎？」

「老師，是不是有人欺負你呀？」

天呀！連吵架、欺負這種答案都出籠了，看來，我只好對他們坦白了。

「圖書室找不到時間整理，也找不到人幫忙。現在一堆書堆放在裡面，亂成一團，再不整理，那些書籍又會發霉。學長姊苦心打掃的成果，可能要前功盡棄。」

「簡單啦！放學後，我們班沒事做的人，都可以去幫你！」小組長帶頭說。

「對呀！放學後我很無聊，你又沒出功課……」平日調皮的男孩加碼似地說。

開心之餘，我還是有點擔心的說：「真的嗎？真的可以嗎？你們要不要先打電話告訴父母一下，以免他們擔心……」

「OK啦！下午借老師的手機打一下，父母知道了，應該就OK了！最近剛開學，應該可以幫忙……」小組長懂事地說著。

這群小義工是當時一萬多冊書上架最重要的關鍵，因為他們讓萬事俱備，只欠東風的遺憾消弭了。他們同心戮力的信念，讓我望見未來圖書室引人入勝的曙光，正熠熠閃亮著。

孩子們學習圖書分類

當他們信守著承諾，在放學後報到時，我開始教導他們做圖書分類。

我對他們說：「看起來會讓你心動、想閱讀的書，請放第一類大書箱；看起來像老師會參考、想看的書，請拿給我檢查，再放第二類大書箱；看起來破破舊舊，或是沒有人想看的書，請放第三類大書箱；工具書不要搬，太重了，老師自己來整理就可以了。最重要的是注意安全，不要讓書倒下來了……」

「老師，我們會在書掉下來之前，落跑！」

「老師，你很妙耶！我們幾歲了，還會被書壓到？」

最後一句話，好像點了他們的笑穴，讓他們噗哧噗哧地狂笑。

短短一個多小時，孩子就把我早上搬下來的書籍整理、分類好。只是，我驚訝發現，第一、二類書箱中的書，竟然寥寥無幾，少得可憐。反而是第三類的書籍，卻滿出來。

孩子不進圖書室的原因

孩子似乎也心有戚戚焉地發現了這個小小圖書室的大祕密。

「老師，我們很努力，想把書放到第一類和第二類書箱，但真的做不到……」

孩子懵懂卻無奈的說法告訴著我：目前圖書室的館藏書籍，都不是孩子們喜歡的，也不是他們想閱讀的。最重要的是，圖書室再不轉型，很難提供他們需要的閱讀資源。

想到這裡，我的心微微地刺痛著。

或許，老天爺想讓我透過整書、編碼，能意外地打開潘朵拉的盒子，讓自己找到館藏圖書的盲點，和孩子不進圖書室的原因——原來我們的藏書不有趣、不吸引人。

未來，我一定要採買孩子們喜歡閱讀的書，讓他們擁有在圖書室找到暢銷好書的驚喜，也讓他們能跟上世界的閱讀潮流，和所有的孩子同步閱讀一本本好書。

如何讓閱讀變好玩？你可以這樣做：

1. 設計者可以將一本書包裝成闖關或尋寶遊戲的方式，來激發孩子閱讀的動機與趣味感。
2. 設計者可以以內容概念或劇情發展，切割成不同的主題遊戲，讓孩子能持續閱讀下去。
3. 設計遊戲或問題，可以從簡單、容易尋找的線索，開始逐步調整難度。
4. 問題盡量以能引發孩子好奇心或閱讀樂趣為主，避免出現較多記憶性的題目。

中秋節曬書，掛急診

「老師，你的眼睛、眼睛……」
「哇！老師，眼睛好紅、好腫……」
「真的！老師的臉，好像怪怪的耶……」

為了能實現在十月開放圖書室的心願，讓我不得不選在中秋節，繼續與書為伍，繼續在書林中奮戰。

中秋節整書的行程，是把又厚又重的工具書，搬到走廊去曝曬。雖然工具書的借閱率很低，但卻是學校館藏不能缺少的重要配角。若不趁著假期，好好曝曬、整理，我實在不知道還能有什麼時間。

不烤肉，好友們幫忙曬書

當時開開心心邀請我一起烤肉的好友，一個一個被我的三寸不爛之舌說服。他們半無奈半接受地答應我放棄烤肉，要陪我一起到學校曬書。

也很難想像，我竟會說出：「中秋節烤肉不稀奇，曬書才風雅！而且烤肉吃多了，會肥了身體，倒不如一起來曬書，既能活動筋骨，又能讓學校師生受惠，兩全其美。請大家支持，讓我能早日開放圖書室。」

由此可知，我滿心期待圖書室能順利開張的念頭有多強烈了。

這群曾經陪我走過人生不同階段的摯友，乍聽這提議，雖然覺得荒謬，後來竟也都個個有情有義，願意豁出去陪我瘋狂一次——曬書去。

多年來，圖書室因潮濕滲水、通風不良，大部分的百科全書或多或少都會黏在一起。這現象，也讓我在翻頁擦拭時，陷入進度落後的困擾。

還有豎立起來，比我的身高還高，又滿布灰塵的輿圖，也該趁著秋日正好，讓它們抖落身上的塵埃、曬曬陽光了。

這一次，我可是卯足了勁，動用不少人脈來相挺，就是希望費力費時的曬書行程能盡快趕上預定的進度。

中秋節每一家都在烤肉，所以不時有香氣在身邊飄散著，誘惑我們的味蕾。好朋友們一邊要忍受飢腸轆轆，一邊又要在接近三十度的日照下，戴著口罩曬書，真的是身心煎熬的考驗。

女生負責擦淨潮濕的工具書，男生則依序搬到走廊去曝曬。每隔三十分鐘，還要幫書翻頁、翻面。我想起古人，為防止書籍善本受潮或遭蟲蛀，雖然繁瑣，但他們也會在節慶曬書，讓書籍有著煥然一新的風貌。

窩心的孩子

正當汗流浹背時，一陣打打鬧鬧的聲音，卻由遠而近傳來。抬頭一看，原來是平日常在設備組進出的小蘿蔔頭，他們跑到圖書室，要來關心我曬書的情況。

「老師，曬書看起來好好玩……」

「哇！老師找那麼多人來整理，讚哦！」

「老師，我們晚上才烤肉，應該可以幫忙個一、兩個小時……」

孩子能在歡樂的烤肉活動前，擔心在圖書室整書、理書、曬書的我，還不約而同地來幫忙我，真是太窩心了。

大眼睛腫成月牙彎

「老師，你的眼睛、眼睛……」

「哇！老師，眼睛好紅、好腫……」

「真的！老師的臉，好像怪怪的耶……」

聽完孩子誇張、臉色怪異的驚呼，我才想起自己正沉溺在整書中，我完全渾然忘我，只知道要拚命趕進度，卻讓沾滿灰塵的雙手，在眼睛四周來來回回地揉抓，不久眼淚開始不自覺地流下，眼皮也癢熱起來了。

「我沒事，別擔心……」

當我用沙啞的聲音說出這句話時，驚動了正在旁邊搬書的先生。

他用眼神瞄了我一眼，緊張地把手上的書都放下來。

他對我說：「休息一下吧！快點去洗把臉，到外面去透透氣。」

我這樣趕，就是想快點完成曬書啊，先生怎會這樣沒默契，箭在弦上。我怎麼可能先去休息。

接著，有點惱羞成怒：「我沒事，我自己的身體，我自己知道。你別多事……」

「連自己都不愛惜的人，憑什麼叫別人幫忙！」先生提高八度音調地吼著。

「不想做，愛抱怨，就走啊……」我負氣地說。

我們兩人越來越火爆的爭執聲，讓所有朋友都停下手邊的工作，圍了過來……

「天呀！怡慧，你的眼睛好可怕……」

「快帶怡慧出去，她應該是過敏了？」

當大家的目光都集中在我臉龐時，我才驚覺到自己可能真的「過敏」了。

但，我仍故作輕鬆地說：「沒事啦！大家快點工作，不然太陽下山了，這批書還曬不到……」

「你再這樣，真的很像躲在圖書室閣樓中的鐘樓怪人……」先生急躁地說出這樣的話。

霎時，我突然淚水潸潸而下。一股不被理解的難堪情緒，讓我失控大哭。

朋友七嘴八舌地對我說：「你快點去看醫生啦……」

「不然先去辦公室休息，有沒有抗過敏的藥可以吃？」

「曬書進度表可以留給大家參考，怡慧，你放心，我們會完成的。」

「真的做不完，下禮拜放假，我們再約……」

與先生的火爆爭執

先生強硬地將我架出圖書室，接著緊張地帶著我到醫院掛急診。

打完針、吃完藥，倔強的我，還是想回圖書室。

先生要我先照照鏡子。他要我看看自己的大眼睛都腫成一條月牙彎了，我已經成了不折不扣的獨眼龍，難道還想再回圖書室繼續過敏嗎？

「拜託你，讓我去！我不會進圖書室，我會乖乖待在走廊曬書就好！醫生已經幫我戴上眼罩了，不會再過敏了！還有，那些朋友都是我請來的，把他們丟在那裡，我會良心不安的！拜託、拜託！」

先生無動於衷地把頭別了過去。

不死心的我，繼續拉著先生的袖口，問他：「我真的真的真的好想把曬書這件事完成。拜託你，拜託……」

「上車，先回家。我把家中用不到的兩台除濕機和空氣清淨器載到學校好了，我不想天天看到你因愛閱讀而變臉的怪樣子……」先生酷酷地說。

如何整理圖書室書籍？你可以這樣做：

1. 記得檢查書況，如果有缺頁、漏頁的書一定要回收，不能再放入館藏。
2. 如遇有折撕的頁扉，請恢復原狀並黏補完整。
3. 將完整可看的書籍，依序分類上架。(繪本、工具書要定期曬書，讓書籍保存年限能拉長。)
4. 擺放圖書時，同類書籍可依尺寸放置，視覺效果會呈現井然有序之美，也方便讀者借閱。

一百張閱讀傳單，一張都沒發出去

當天晚上，我失眠了。我開始懷疑自己。

我到底要折磨自己、折磨別人到什麼程度，才願意罷手？

這個家都快被我毀掉了。

沒人來圖書室

十月，圖書室終於如期風光開張了，但卻從一開始的門庭若市、人擠人，漸漸地，陷入門可羅雀、人潮漸稀的窘狀。

到底發生什麼事了？

原來，搭配開館而熱鬧滾滾的書籍借閱摸彩活動截止了，再加上，圖書室無人輪值，陷入一天開館，三天閉館的情況，常常讓想借書的師生吃閉門羹，也降低了他們進圖書室借書的熱情。

而最後壓倒我的一根稻草是，我沒辦法解決圖書室照明和通風不良的問題。這讓全校師生對圖書室的好感漸漸消失。

怎麼會這樣?我遇到了改造圖書室後，最大的挫折和瓶頸。不行，不行，我一定要每天都開放圖書室，讓想借書的師生方便借閱。但，我不可能有分身，我大部分的時間，還是得要顧好設備組的業務。

輪值圖書室，連先生也不支持

左思右想，我想到和我同校的先生。

我開口，希望他能幫我輪值圖書室，讓圖書室的人力資源充裕無缺。

沒想到，先生不只不贊成，反而潑冷水地告訴我：「閱讀不是顯學，推動起來很辛苦。你要不要就蕭規曹隨，跟著前人經營的模式，有老師借用圖書室，再去開門就好了?你不需要那麼好大喜功，浪費人力和時間……」

這些話，聽起來超級刺耳，也惹得我淚眼婆娑。

好多天，我賭氣和他冷戰。

我不服氣，憑什麼動用那麼多人力來改造圖書室，我還是失敗了。

我要想個法子殺出重圍。我不能輕易認輸。

雖然如此，我心裡還是覺得很挫敗。當我看見導師辦公室燈火通明，同事們感情融洽，談笑風生。我卻像化外之民，踽踽獨行。一個在聖誕夜，被眾人遺棄的賣火柴女孩就是我吧！

剛調到丹鳳才兩年多的我，第一年擔任專任老師，第二年擔任協助行政，今年以初生之犢不畏虎的姿態，接任設備組長的工作，我和大家都不熟悉，也沒有建立同甘共苦的革命情感，我好像找不到一個情義相挺的朋友來協助我！

當時，我難過地在心中吶喊：「究竟，有誰可以幫幫我？」

沒想到，我在最落魄時，在校園的長廊上，遇見了失散多年的大學同學。

他爽朗、主動地和我打招呼，還告訴我：「圖書室變得很漂亮、很有特色哦！」

當時，我多像溺水而瞬間抓到浮木的人。

我求救似地問他：「你願不願意幫我忙？幫我一起推動閱讀、一起輪值圖書室……」我急切的語氣，應該把他嚇壞了。

但，他還是很有風度和禮貌地說：「如果時間允許，當然好呀！只是要清楚告訴我，要協助的工作內容是什麼。」

實在很難形容當時的我，雀躍萬分的心情。我像個被拒絕上百次的推銷員，竟然有人會被我說服，想要買這份「閱讀」產品。

「我成功了！我成功了！」我開心大喊。

感謝岳璋老師，讓當年萬念俱灰的我，有了希望與動力。

而成功說服他的經驗，也讓我興起邀請學校老師加入圖書室輪值，以及閱讀推動的想法。

熬夜擬好「閱讀宣言」

當天晚上，我熬夜擬好一張丹鳳「閱讀宣言」的報名單，內容大致是：「親愛的老師們，我們的人生除了教學之外，在您的心裡有沒有一份憧憬與企盼，想要為孩子在青澀的國中生涯，留下一份帶著走的禮物？想不想在荒蕪的閱讀沙漠，開墾一處閱讀綠洲，為孩子的生命注入汩汩的閱讀甘泉？」

一大早，我好整以暇地印好一百張傳單，準備好向每個來設備組借用教具的老師發放，同時也背好一分鐘的台詞：「圖書館已經開張了哦！需要你們一起來經營它、一起來推動丹鳳閱讀……」

可能下課十分鐘太緊迫了，也可能大家忙於班務及教學的工作。

一整天下來，我竟然沒發出任何一張傳單。

看到厚厚一大疊傳單，我有些氣餒了。

朝夕相處的辦公室老師薏婷，感同身受地對我說：「怡慧老師，我可以填一張報名表嗎？你不要氣餒，加油！」

家都快被我毀掉了?!

而恰巧推開門，聽到這對話的先生，也低頭、默默地替我填了報名表。先生說：「我是第二個加入的老師，希望能帶給你好運……我們只是人微言輕的老師，做好自己的事情就好，你又何必……」

我知道他的句句責難是言不由衷的話，他是心疼一個驕傲的女生，受到她此生最大的挫折；心疼一個沒吃過苦的女孩，要為一份理想，承受這份椎心的痛楚。

「我沒事，只要你們兩個支持我就好。」我悠悠地說著。

「如果你不想做，真的沒有人會責怪你，因為這件事不容易……」先生還是苦口婆心地說。

「給我一年的時間。沒做好，我會默默離開的……」

當我說完這句話，先生不忍心地轉頭而出。

我知道他應該也哭了。因為他娶到一個如此不聽話又固執的太太，而他卻無能為力改變她。

當天晚上，我失眠了，我開始懷疑自己。

我到底要折磨自己、折磨別人到什麼程度，才願意罷手？

這個家都快被我毀掉了。

逆轉的奇蹟

但，上天還是給我一個逆轉的奇蹟。

在我快走不下去時，之前在走廊相認的岳璋，帶來他的好友仲玉老師。

仲玉老師熱情地擁抱我，告訴我：「我很感動你要做的事。雖然我對閱讀一竅不通，不過，我們兩個都要領報名表。你認識明美老師嗎？她也很喜歡閱讀哦！你可以去認識她，或許她可以幫忙你招募更多老師……」

他們的溫柔話語，讓我的淚水像水壩洩洪地狂奔而下。

「謝謝你們，謝謝你們。」

我感激地說不出其他的話。我向他們鞠躬，這舉動，讓他們也不自覺地向我鞠躬。

或許他們永遠不知道，他們這一個彎腰的動作，猶如久旱逢甘霖的情意，潤澤著我乾涸的心田。

更幸運的是，他們推薦的明美老師，不只填了報名表，還指點我迷津。

「你可以再去找數學科的宇暄、英語科的芳婷、自然科的迪雄、國文科的靜薇、藝能科的麗君……他們都有在做班級閱讀，只是沒有人來統籌這些事情。或許熱情的你，可以組個讀書會之類的把大家組織起來……」

她的話如明燈，指引我在闃黑的世界，找到閱讀的微光。

如何籌組閱讀社群？你可以這樣做：

1. 社群主持人必須先擬好年度推動計畫，透過同儕合作、學習的理念，邀請各科老師加入，並透過社群的力量，全校一起來推動閱讀。
2. 社群活動可以辦理增能研習、開放課室觀摩學習、座談會、外埠參訪學習等，提供社群老師多元學習的機會。
3. 建置閱讀社群知識分享的平台。透過同儕的資源分享，既能相互學習、交流，也能精進閱讀課程多元發展的能力。

衝鋒陷陣的閱讀夥伴

「你不是在經營一個班級，你是在經營一個學校的閱讀活動，不是只有熱情、肯做事就可以了。你要有策略和方法，開會要有效率……」面對大家犀利的輪番提問，我深深呼了一口氣，因為我快窒息了。

原以為赤手空拳就能打下閱讀大山大海的我，不僅差點陷入四面楚歌的處境，還得承受鎩羽而歸的落寞。

感謝明美老師的提議，讓我靈光乍現。

打團體戰，組「JUST I DO」（就是愛讀）社

原來閱讀活動推動或課程的設計，必須用社群組織來打團體戰。若是以夥伴找夥伴的方式（母雞帶小雞），讓對閱讀有熱情或有興趣的同伴，有個屬於自己的工作坊，可以定期聚會、發想討論，或許推動起校園閱讀，不僅容易成功，而且也比

較有人情味。

因此，我們決定先幫社群想個容易記住又響亮的名稱，讓大家可以持續地經營屬於自己的閱讀品牌。

「丹鳳BOOK思益」、「丹鳳閱讀星巴克」、「丹鳳去閱讀」、「閱悅育士」……一些五花八門的社團名稱，開始在腦海中醞釀著。

突然間，「JUST DO IT」的廣告商標，映入我眼簾。

我突然靈機一動，喊著：「改良一下，組個『JUST I DO』（就是愛讀）社？應該不錯哦！」

熱血沸騰的一刻

當我第一次把開會通知單，以「JUST I DO」的名稱發出時，竟然有兩、三位老師主動跑到設備組，找我聊天。他們主要是想了解這個社群成立的宗旨，還有相關的研習活動，以及未來社群想達成的推動目標。

聽到這些詢問，我開始熱血沸騰了起來。等了那麼久，終於有人願意詢問這個新社團的樣貌與發展，表示之後他們有可能和我一起推動校園閱讀的工作。

沒想到，這幾位年輕老師，當場就填了報名表。

真的出乎我意料，尤其在面對那些挫敗後，此時，閱讀社群的推銷命中率，竟能達到百分百，這是多麼令人激動的一刻呀！

更特別的是，他們的眼光散發捨我其誰的豪情，彷彿用最純粹的閱讀熱情鼓勵著我：「冬天來了，春天還會遠嗎？」

一波波強大的質疑

只是，期待已久的第一次社群開會，許多突發的狀況，卻讓我招架不住而冷汗直流。

「請問這不是教師讀書會嗎？為什麼還要參加閱讀增能研習？」老師聲音高昂地問。

「你要如何決定『入班導讀』的書目？是我們這群人？還是所有老師？」老師疑惑地問。

「如果要辦『班級共讀』，你要用哪個時間？丹鳳校本課程沒有閱讀課哦？」老師焦慮地問。

「你準備好了嗎？這次有要提出草案，要在會議裡討論或決議嗎？有決定好哪些年級，要執行『班級共讀』計畫嗎？」老師急切地問。

我不自覺地深深呼了一口氣，因為我有種快窒息的感覺。

我在心裡替自己喊話：「冷靜下來，很多問題要抽絲剝繭地回答，如果我表現得不夠專業、縝密，要如何帶領大家在閱讀的版圖上，成為第一批為丹鳳閱讀開疆闢土的勇士？」

於是，我用盡此生最大的聲音說著：「謝謝大家的建議，也謝謝大家來參與第一次閱讀社群的會議。首先，我想告訴大家，『JUST I DO』成立最初的發想，是要為校園閱讀的活動與課程招募新的人力，也要大家發揮多元的創意，讓閱讀活動及課程更多采多姿。至於，讓很多老師誤以為這是一個讀書會的性質，我很抱歉。

「『JUST I DO』不只是同儕分享好書的心得平台而已，未來將集合大家的力量，辦理『入班導讀』培訓工作坊。各位老師未來可能要投入許多的時間和心力，但再回首，你們會發現，我們的孩子會變得不一樣……」

有老師舉手，提出疑問：「你是社群領導人，你要給大家何種增能與支持？還有，你了解丹鳳過去也推動過閱讀，它遭遇失敗的原因嗎？你有滿滿的熱情，也有推動閱讀的決心，但，也有可能會失敗……」

另一個老師，再加碼地說：「你不是在經營一個班級，你是在經營一個學校的閱讀活動，不是只有熱情、肯做事就可以了。你要有策略和方法，開會要有效率，時間就是金錢。如果今天我來這裡，空手而回。下次，我可能就不願意再浪費時間來這裡了。」

不知哪來的勇氣和信仰，我誠懇地告訴他們：「謝謝老師們的提醒。下一次開會，我會把閱讀增能研習的期程、講師、內容列出來，還有學生『好書推薦單』會設計好，供各領召帶回討論。另外，七、八年級『班級交享閱』的計畫草案，也會在開會前，送至各位夥伴的桌上，提供大家參考。」

說完這些話，我如釋重負地坐下來。

贏回夥伴的心

驀然，我看見發言的老師們，他們的眼神有些變化，有的竟閃爍著溫柔的眸光望向我。

「希望下一次開會的時間，組長不要讓我們等太久。我們也希望自己能為孩子多做點事，替學校生活留些感動！」

「希望丹鳳愛讀社是座寶山，能讓我們滿載而歸！」

是呀！老師的話，不管是褒或是貶，都讓我一夕「轉大人」似地懂事、成長了，感謝他們溫柔地提醒我：「不要讓每個熱血的老師，陪著像無頭蒼蠅的我亂飛舞，不僅浪費時間，也會讓剛萌芽的閱讀熱情，永遠消失在丹鳳。」

當年，如果沒有這些暮鼓晨鐘的箴言提醒我，自我感覺良好的我，或許會永遠在原地踏步，或是繞入一條死胡同中，走不出今日丹鳳閱讀繁花齊綻的景致。

面對的挑戰，雖接踵而來，但我卻有種找到明確方向可以努力的滿滿信心。

數學老師選擇《勇闖撒哈拉》

首先，**我把各科老師推薦出適合國中閱讀的書籍，製作成表單，供社群老師勾選自讀本三本，在下次開會中，篩選出適合「入班導讀」的書單**。

讓我意外的是，《青蛙為什麼要走路》是一位英語老師選走；《勇闖撒哈拉》是數學老師挑去；《佐賀的超級阿嬤》是大家都想搶著看的書；《土耳其手繪地圖》是最受歡迎的圖文書。

透過SOP的表單分析，我開始找到推動的方法與頭緒了。

老師們似乎也開始期待我將社群導讀的書籍採買回來，放在他辦公桌上的時刻。或許，翻閱新書的感覺與閱讀的氣息是大家都喜愛的氛圍吧！

接著，我又花俏地在社群老師桌上，留些便利貼小紙條：「提醒親愛的你，開會的時間、開會的議程、開會的工作分工、開會備有小點心、小飲品、小禮物……」傳紙條、貼便利貼成為當年我們的閱讀問候語，漸漸地，我企盼著社群開會的時光能盡快到來，那是一份迫不及待想見面的感覺——閱讀讓我交到工作上最棒的夥伴們。

如何招募圖書館人力？你可以這樣做：

1. 招募校內學生：搭配圖書館服務學習計畫，可以針對學生特質與時間安排不同組別與徵選：

(1)流通組：搭配館內開放時間，利用放學時間，協助做借、還書。

(2)大使組：下課時間，協助線上預約師生做送書、領書，並做館內服務或設備簡介，以及做展覽品的介紹與說明。

(3)採編組：利用中午或放學時間，協助編目，並與大學做人力培訓。

(4)整書組：做圖書整理歸架，並定時整理各書櫃圖書。

(5)活動組：配合校內外閱讀活動，進行海報張貼、訊息公告。

(6)典藏組：協助師生作品做數位典藏保存與流通。

2. 召募社區圖書志工：可依照志工屬性與興趣安排至流通組、採編組、整書組。

3. 培訓讀書會領導人：定期安排相關研習，提供圖書館志工做工作增能與自我成長。尤其，讀書會的帶領，領導人的培訓，可以落實書香遍社區的願景。

錢從哪裡來？——二十萬的嚴峻考驗（上）

為購買全校共讀的書，我想先捐出自己一個月的薪水，再鼓勵全校師生集資。

先生卻第一個持反對意見。

他說：「現在一事無成的你，用什麼理由來感動別人，要大家把錢捐給你？」

當熱情的老師們紛紛加入，但採購共讀書籍的費用在哪裡？每學期不超過兩萬元的購書費用，何時才能買足班級共讀需要的書呢？

錢從哪裡來？這件看起來很俗氣的事，卻是當時讓我徹夜未眠而苦惱的大事。

先生大潑冷水

有一天，我突發異想地想以拋磚引玉的方式，辦個好書認捐活動。

我想，如果我先捐出自己一個月的薪水，再鼓勵全校師生集資來買共讀的書籍，這應該能補足經費不足的困境吧？

當我喜孜孜地說著，先生卻第一個持反對意見。

他說：「現在一事無成的你，用什麼理由來感動別人，要大家把錢捐給你？」

或許，先生早就發現我是不服輸的人，和他唇槍舌戰、相互交鋒，反而能激發出我的創意，也讓我學會理解且接受他人不同觀點的可貴。

好！山不轉路轉，路不轉人轉。此路不通，看我的七十二變！我一定要先凝聚丹鳳的閱讀共識，找出錢來買書。

現在我該做的第一件事，就是讓更多人知道我在做什麼。我不能閉門造車，我要走出去，讓更多老師自願參與閱讀的推動。

書籍採購，還少二十多萬

我決定在第三次社群會議要結束前，提出臨時動議，將目前遭遇推動的困境，如實地告訴大家。

「每學期兩萬元的圖書採購費，無法讓下學期『班級交享閱』的試辦計畫如期進行。無論如何，一定要把錢找到。但，目前我們還差二十多萬，真不知該如何是好？」

社群的智多星老師發言說：「每年合作社的盈餘，都會提撥部分經費來獎勵師生活動或發放紅利，你要不要和合作社經理或理事長談談，讓他們提撥一筆經費，來支持『班級交享閱』的活動？或許買書的錢就會有著落。不過，要他們通過全額補助，可不是簡單的事哦！」

一聽到這個天大的好消息，欣喜若狂的我，馬上宣布散會。我急著去找合作社經理談合作案。

但當我走出圖書室，我才發現自己並不知道合作社經理和理事長是誰。糗到不行的我，只好折回圖書室，焦急地問社群老師：「請問，合作社經理和理事長是……？」

「怡慧，主角是誰都不知道，就想跑去說服別人。你要準備好，再上……」同事話沒說完，我的臉就紅起來了。

原來，我的衝動與心急，藏都藏不住，也早已是眾人皆知了。

「祝你幸福，祝你成功，祝你拿回二十萬……」大家此起彼落的起鬨，讓我又羞赧又窩心。現在的大家真的因為閱讀這件事而緊緊相繫在一起了。

先生緊鑼密鼓地督促

只是，要他們支持我撥出二十多萬的經費，我得要做足功課，準備好，再上才行。

「試辦計畫要先出來！」先生說。

「實施方案也要出來！」先生再說。

「導讀課程的師資要在學期末培訓完成！」先生又說。

「『班級交享閱』的心得下載平台也要規劃出來！」先生最後挑釁地說。

天呀！箭在弦上，我可以準備的時間不多了。我得要繼續趕工，先做完這些繁瑣的事，才有可能繼續二十萬的工程。

下周，一定要拿出完美的計畫書和最大的誠意，去找合作社經理和理事長懇談。

天天熬夜寫計畫，讓我成了熊貓女。不過，要和理事長談什麼、說什麼，是我失眠的原因。

距離約定談計畫書的時間越來越逼近，我的情緒就越來越緊張。不過，我知道拿到二十萬是勢在必行的事，否則，丹鳳的共讀計畫，可能會因為經費不足，又要Delay一年了。

多元、活潑地評估閱讀成效，不局限於學習單

醜媳婦還是要見公婆的，終於到了我們約好見面的時間了。可是我還是不太有

把握，還是很擔心搞砸——畢竟這是我第一次和別人「要錢」。

「組長有帶計畫書來嗎？要不要先說說你的做法？還有經費概算表，你是怎麼編列的？」理事長的語氣嚴肅，卻很有誠意地問。

「下學期由七、八年級試辦，以自願參與的班級為主。**每學期，至少讓學生共讀三本書，由不同的導讀老師入班分享。**形式跳脫以往的窠臼，以**陪孩子輕鬆聊聊書，不增加孩子閱讀負擔為首要目標**。導讀老師都受過培訓課程，也有成立社群，討論分享。」

「如何檢核孩子的閱讀成效？」他又提出疑慮。

「**願意寫學習單的孩子，由設備組提供小獎品鼓勵，定期張貼作品在圖書室的閱讀牆。未來，閱讀平台也會把孩子的作品分享出來，並將成果製作成冊。**」

「不想寫心得的班級，如何做成果？」他接著又問。

「因為計畫名稱是『班級交享閱』（交響樂），**下學期期末，將邀請管樂隊，合辦閱讀音樂成果發表會，也會讓願意分享閱讀心得的孩子，用聊的方式或戲劇展演來呈現**。未來，我會再規劃多元的閱讀成果發表會，不過，想法還在醞釀中，會一步驟一步驟來規劃。」

「嗯！聽起來還不錯，計畫書就給我一份。原則上，我會在會議幫組長提案，也會轉達組長的想法與推動的步驟。只是，二十多萬不是小數目，我不能保證這筆經費，你一定有機會申請到。」他理性地說著。

我欲言又止地想多說服他些什麼，只是，他真的也無能為力再多幫我些什麼了，至少，他是支持閱讀的。目前我能做的，只有等待奇蹟、靜待佳音的來臨。

再拚最後一份力量

當天晚上，我搖醒正在打盹的先生說：「你是合作社理事嗎？你知道有哪些人是合作社理事嗎？」

他睡眼惺忪地問我：「怎麼了？」

「我想要說服合作社理事，支持我的計畫案。」我拉高分貝地說。

他閉上眼，轉過身，冷淡地說：「早點睡，不要再胡思亂想這些事了，順其自然吧！」

「但，我還是想放手一搏。你不說，明早，我自己去問，自己去找，自己去闖……」還沒說完話，我就生氣地跑到書房去睡。

黎明來臨前，我一定要準備好，繼續奮戰。

二十萬的考驗，我一定要過關。

如何與孩子聊書？你可以這樣做：

1. 朗讀經典好書給孩子聽。透過聲音、表情，傳達幾段感動人心或意義深遠的文字，讓孩子學會如何擷取書中重要訊息，與他人分享。
2. 和孩子聊聊書中幾個有趣的內容，不僅能鼓勵他們繼續閱讀，更能營造對話後的親密感。
3. 當孩子分享書籍內容時，要用心傾聽、不要打斷他，並支持他的論點。若孩子提出疑惑，請以引導的方式，讓他找到答案。
4. 和孩子聊書時，要用說故事的活潑方式，把生活經驗和閱讀的感動，適時融入話題。

錢從哪裡來？——二十萬的嚴峻考驗（下）

「二十萬可以做的事很多，為什麼是推閱讀？而且，你認為自己會成功嗎？」

這位老師的質疑，震撼了我。

我臉色漲紅，淚水蠢蠢欲流。

等待，真的是件難熬的事。黎明的到來，表示我得繼續為二十萬奮戰。這一次，我要靠自己闖過關。

一進辦公室，我就問老師：「請問，合作社的理事名單，要去哪裡查？」

老師回答我：「查一下六月份的校園訊息，應該就有公告了。」

皇天不負苦心人，在校網上百條的訊息中，我終於找到了名單。

天呀！有好幾個人名，不只陌生，我連他們是何方神聖都不知道。其中，有幾個認識的人名，但好像也只有點頭之交。我要怎麼破冰？怎麼開啟話匣子？

「和陌生人聊天，真的好難哦！我真的沒有勇氣去拜託、去求人！」我在心中盤旋著這些事。

最震撼的提問

這二十萬的考驗好大。一度，我還想找身邊的好朋友，一起集資二十萬。

當我心虛地說出提議時，果然被先生嗤之以鼻：「你是病急亂投醫，這不是長遠之計吧！一直向親友募款，無法真正解決問題。我怕你閱讀沒推成，朋友可會一個個消失。」

只是，不拜託、不求人，我還能做什麼？想不出法子的我，突然看見導師會議的開會通知單。

我心想，如果，我在導師會議提出共讀計畫，讓部分身兼理事的導師們先支持，是不是校園的閱讀共識就能更快凝聚？

因此，我得到教務主任的首肯，有了一個在全導會議向大家說明的機會。

會議開始時，我略顯緊張地說：「只有閱讀，才能讓孩子打開知識浩瀚的世界，也是老師唯一可以跟孩子擁有共同的回憶與牽繫。閱讀是人心與人心相互連結的無形絲線，孩子懂得閱讀，就願意去感知這個世界。即使面對孤獨，也能找到存在的力量，願意與自己對話，找到所有疑惑的答案，而老師就是那個可以讓孩子打開書的人……」

有老師舉手問：「共讀書籍費要多少錢？」

「二十多萬……」我堅定地說。

「二十萬不是小數目……」老師開始討論起來了。

「希望大家支持，讓合作社的盈餘能用在書籍採購費上……」我誠懇地說著。

「如果沒有一個可長可久的計畫，這二十萬不是白費了嗎？」有老師說話了。

「如果經費爭取到，就會把實施辦法公告。下學期初，就可以推動了……」我不甘示弱地說。

「二十萬可以做的事很多，為什麼是推閱讀？而且，你認為自己有把握會成功嗎？」這位老師的質疑，震撼到我了。

我臉色難堪地漲紅著，淚水蠢蠢欲流。

我在心中喊著：「不准哭、不准哭，很丟臉的。要鎮定、要鎮定！深呼吸、深呼吸，沒事的……」

把一生的眼淚都哭完了

主任打圓場地說：「謝謝老師的提醒，如果找得到足夠的經費，怡慧組長一定會擬出好計畫，認真執行它……」

心為何會有疼痛的感覺？我好像已聽不見外面聲音，看見的世界也開始有些模糊。原來，心如刀割、萬念俱灰是這般滋味。

我快待不下去了，也快忍不住心中的怨氣了。

頓時，不斷湧竄出這樣的情緒：「憑什麼踩踏我的自尊心、我的驕傲？憑什麼因為我是菜鳥就欺負我？憑什麼用那種語氣和我說話？憑什麼質疑我？憑什麼抹殺我的努力？憑什麼不問過程，就判定結果？憑什麼……」

當我負氣地想舉手發言時，理性的情緒卻又升起，制止了我。

我心想，或許，剛剛我說得太空泛、太理想了。有些老師是念理工的，不是念文學的，他想聽到的是，二十萬放在閱讀，我會做什麼事、會用什麼策略，來豐富師生的校園生活，而不是來聽我演講閱讀的重要。

我在感性與理性之間拉鋸著，也在善與惡之間拔河著。我需要一點時間來整理我的心情，否則，我這次真的走不下去了。

回到辦公室，我把一生的眼淚都放縱地哭出來了。

決定正面迎戰

我自閉地躲著所有人，不想要大家安慰我，也不想別人看我笑話，我需要一個人靜一靜。

閱讀還沒推成，就遇到這麼多的磨練，我何苦來哉？我何不瀟灑地寫辭職信，歸去來兮。

但辭職了，是不是代表我不愛閱讀了？是不是我只要被誤解，就只會任性、消極地放手？是不是一遇到挫折，就只能負氣地一走了之？

如果我想化開彼此心結，是不是該找老師們談一談？讓他們了解我推閱讀的初衷，讓更多人知道我的努力與誠意。我也不想因為工作上的誤會，就和同事變成敵人。

那我為什麼不化被動為主動？我何不在明天早自習時，再找幾位老師溝通分享？

我這輩子都無法忘記，那天早晨，我一步步走向那位老師時，他把眼神別過去的臉色。我無法解讀他的喜怒哀樂，也無法再猜他的心情，但這一步，我一定要有勇氣跨出去。

「老師，謝謝你，昨天告訴我的話。或許，我沒有在大型會議報告過，所以有些離題，沒有把閱讀推動的重點與步驟說出來，但請你相信我，我真的為了這件事情籌劃很久了。這是我的計畫草案，還有推動的文件，還有——」

他沒有等我把話說完，就打斷了我，他說：「坦白說，我以為你是來興師問罪的。你放心，我不討厭閱讀。我只希望每一分錢都要用在刀口上，用在有意義的事情上。如果二十萬就這樣隨隨便便投入，你又無心推動。那一箱箱的書，那二十萬的錢就付諸流水，很可惜，二十萬可以做很多事……」

「謝謝你，願意支持閱讀、推動閱讀……」說著說著，我的心竟跳得很厲害，是一種喜悅的、被理解、誤會冰釋的感動。

「希望你能拿到二十萬，用心推閱讀，我會支持你的……」

他的話，彷彿預告了一個美麗二十萬的考驗，讓我學習到真誠與同理是最重要的溝通，還有，看起來兇兇的老師，也是有溫柔的一面，更幸運的是，這是我第一次看見閱讀的魔力——因為閱讀，我邂逅老師的微笑，映入我眼簾。

如何進行班級共讀？你可以這樣做：

1. 先擬定各年級共讀書單。每本書籍，需請購四十冊。包上書套，放置「行動書箱」中。
2. 在每冊書籍側邊上頭，貼圓形彩標。用奇異筆，寫上學生座號，以利圖書股長協助書籍發放與回收時，書籍紀錄表的標註。
3. 共讀換書日的前一天，由圖書股長收回共讀書籍，並檢查書籍之完整性，填寫檢核表，並繳回圖書室查核。
4. 於學期初發放，並公告共讀換書日的時間與地點。
5. 公告導讀老師的「入班導讀」期程表，並填寫導讀邀約單，邀請老師入班分享。
6. 參與班級須於換書日前，完成書籍閱讀。可自由書寫「學習單」。
7. 請導師協助宣導書籍使用時，須保持書籍的完整性與整潔性。

張大春、簡媜、焦桐……與大師有約

「你是隨便說說，還是認真的……與大師有約，是要邀請大家都聽過的大人物嗎？他們會來這個小地方演講嗎？」女老師疑惑地問著我。

「怡慧，丹鳳圖書室可以有書店的功能嗎？」老師突發異想地問。

「你期待的書店功能是？」我不解地問著。

「就是不用花錢，就可以看到最暢銷排行榜的新書！」

「不時還可以參加好康的、免費的藝文活動！」

「主題書展、來店摸彩、新書簽名會……」

「你看看啦！住在台北市的人，走幾步路就能轉角遇到書店，多幸福呀！我們卻是轉角就遇到檳榔攤啦！」老師解嘲地說。

「昨天去台北詩歌節，來來回回車程就花了兩個多小時，住在偏遠地區一趟路舟車勞頓的……發發牢騷啦！」

開學前的第一次社群會議，老師就打開話匣子，你一言我一語，大鳴大放地討論了起來。

想盡各種方式，讓孩子接觸閱讀

圖書室已成了閱讀社群的自由廣場，聽著聽著，我也摻一腳地說：「所以，你們是希望我把圖書室變成複合式書店來經營囉！讓我們的生活，有免費的新書可閱讀、辦摸彩、轉角遇到好書，好康無所不在……」

「開學後，我準備辦三場與大師有約、全校飆書大賽、搭配聖誕節加碼送丹鳳藝文節。每月陸續推出聯合書展、圖書室對聯比賽、學習單設計大賞、K歌大賽，如何？」我像在試水溫般地提出這樣的看法。

「你是隨便說說，還是認真的……與大師有約，是要邀請大家都聽過的大人物嗎？他們會來這個小地方演講嗎？」女老師疑惑地問著我。

「藝文節？K歌大賽？搞那麼多活動，你一個人忙得過來嗎？」

「『班級交享閱』正如火如荼地進行著，你又要挑戰高難度的事了？你是有三頭六臂哦！還是時間太多？」老師擔心地說。

「事在人為，如果大家認為可以規劃看看，我願意把這些活動或課程，列入學期行事曆，按表操課來進行！首先，我們來討論『與大師有約』的人選好了。」我堅定地說。

「張大春、簡媜、焦桐、陳幸蕙、劉克襄、舒國治、陳芳明……」

「社群老師果然都是文青，隨口說說都是文壇大師級的人物，我都不認識……」

「怡慧，你有把握邀請到他們嗎？如果有困難，你聽聽就好，不用太在意我們說的話，可做再做，不要太勉強自己……」老師貼心地解圍。

「不過，我相信怡慧可以的，因為有我們在，在吐槽……」

「哈！哈！哈！怡慧想帶著我們做做看嗎？」男老師逗趣地說。

「看到你們眼中的期待與信任，我肩上的責任似乎更重了。只要你們願意相信我，就一起走下去吧！我們先從推薦的名單中，想辦法找到三位知名作家蒞校演講，讓七、八、九年級的孩子都能目睹大師風采。」我語氣堅定地說著。

「怡慧，這些話亂感人的，不要常說，男兒有淚不輕彈……」男老師瞎起鬨地說著。

頓時，歡笑聲不斷，讓開會的時光瀰漫著快樂的氣氛。

「他們真的請得到嗎？」

「哪位有背景的人會認識大師？」

「大師會想來丹鳳這麼遠的地方嗎？」

「辦一場與大師有約，要花多少錢？」

老師們又從離題的感性轉回理性的論辯。所以，我還是得解決現實面的問題，缺大師、缺經費是我該解決的當務之急了！

首先，還是要懇請家長會支持「與大師有約」的演講費用。或許，有了之前的經驗，一回生、二回熟的我，變得較有自信，也能有條理地向會長報告經費的用途與預期效益。

慷慨的唐一弘會長，不僅沒有刪除我的提案經費，還加碼補助未來丹鳳藝文節的所有經費，甚至告訴我：「花在買書、閱讀的錢，是我最有意願補助的經費了。」

家長的支持，讓我能無後顧之憂地繼續往前衝。

不負所託，請來大師

接著，在百花齊綻的文壇中，到底該找哪些作家蒞校演講呢？我的直覺告訴我，甫出新書的作家，除了比較能行銷「與大師有約」的話題性外，也能透過活動的舉辦，消弭城鄉的藝文展演差距，讓師生在丹鳳就能開啟閱讀的新視界，這會是創造雙贏的局面。

因此，我在「新文藝閱讀網」選定張大春老師、簡媜老師、焦桐老師為一九九七年丹鳳經典大師。我誠懇地寫了三封E-mail給三位大師，希望他們撥冗來丹鳳，為孩子們注入文藝的活水，給年輕的孩子一個夢想起飛的機會。

沒想到，在一個禮拜後，我先收到大春老師的回信，表示願意到丹鳳來分享新書《認得幾個字》的講題，也請我與助理規劃後續事宜。接著，協助聯絡焦桐老師的學姊，也傳來使命必達的簡訊。最後，在朋友穿針引線地接洽下，也敲定簡媜老師的檔期。

當我把這個好消息告訴社群老師時，有人天真地跳起來尖叫著，有人耍寶地要我敲幾下她的頭，讓她知道這不是在作夢。

或許，三位大師永遠不知道，當時我在心底有多感激著他們，因為他們的首肯與蒞臨，讓許多人與偶像在丹鳳見面的美夢成真了，也為丹鳳藝文節的活動泛起了喜從天降的漣漪。

謝謝大師的成全，讓我們明白：即使身在城市的邊陲處，我們依然離藝文很近，因為有願就有力，有力就能心想事成。

六年多來，「與大師有約」的活動已成為丹鳳閱讀的經典與傳統。將近六十多位大師來過丹鳳演講、駐校、上課，在老師和孩子的人生，開啟過許多不同風景的窗扉，也營造出經典閱讀的校園氛圍。

現在看來簡單不過的活動，在當年，卻是集結大家的巧思與創意，還有那份想把事情做到最好的誠意與用心啊！

如何進行「與大師有約」？你可以這樣做：

1. 利用學校網站或校園看板，公告與大師相關的書訊或演講議題。
2. 會場布置與主持人的工作，可以讓社群老師輪流協助。
3. 圖書室可以搭配大師，布置主題書櫃、人形立牌，強化學生的先備知識。
4. 可以訓練學生擔任接待大使，增加孩子的生活經驗。
5. 演講前，可進行師生導讀會、發放演講學習單。
6. 在Q&A時間，獎勵提問表現優異的學生。

被看見的肯定——榮獲滿天星閱讀學校

「唉呀！怎麼會這樣？不然打電話去問承辦人好了，比較快！」心急的老師提議著。

「好！好！再連最後一次，如果再連不上去，我馬上打電話確認！大家別急……」

我用安撫的口吻說著，其實我比誰都緊張。

「怡慧，你想不想替『JUST I DO』（愛讀社）賺三萬元？靠自己，不用求人！」

「你可以用你最愛的閱讀去PK，會有賺三萬的機會！」

「這個計畫應該會一直比下去，只要年年入選，就可以賺很大！」

丹鳳閱讀，徹底改頭換面

三位社群老師興沖沖地跑進設備組，手上拿著第一屆滿天星閱讀學校徵選計畫，放在我的辦公桌上。

「怎樣？內容很讚耶！你有把握申請到嗎？」虹臻老師開心地問著。

「我沒試過，也不知道入選機會大不大？但，這份計畫規劃得很縝密，也很適合剛起步又熱情的丹鳳。它讓入選的學校，以工作坊的形式培訓，加強與民間團體交流，也辦理閱讀教學增能研習，鼓勵教師進行閱讀創新教學，讓入選的二十個閱讀學校有個相互分享、展現創意的舞台。尤其，每學期的授證、掛牌獎勵，也能帶動標竿學習與策略聯盟的機制。這個計畫應該會讓丹鳳閱讀的觸角更大、推動的力量更強。」

「怡慧，我們才推動一年多。以目前的實力，會有機會雀屏中選嗎？」薏婷老師問著。

「不試試，怎麼知道外面的閱讀風景？閱讀推廣在國中場域，會是熱鬧又多采多姿？還是停滯在原點不動？透過徵選的成敗，恰好可以檢視丹鳳閱讀走的路、做的事是不是符合專業可行？**不論成敗，都可以給自己一個調整、改變的機會**，值得花時間整理資料去參賽。」

看完這個計畫，我有個預感：如果可以入選，這個滿天星閱讀計畫會讓丹鳳徹底改頭換面，從此閱讀的天地將更寬闊、自由。

這是一個千載難逢的機會，我一定要把握住。

尋回閱讀的本質

或許，我實在太在意這個徵選比賽了，接連幾天的生活作息因而都亂了套。舉凡吃飯、走路、睡覺，都沉溺在如何想出響亮又別出心裁的計畫名稱上。每每打開電腦，腦子就莫名地打結、空白，手指也僵硬得敲不出任何有創意的詞彙來。徵選計畫以龜速前進，進度瞬間停格。

「你們要幫我想一下標題嗎？我好像累了，卡住了……」我求救地說。

「怡慧，需要來一瓶蠻牛嗎？」木財老師幽默地打氣著。

「人家已經沒有Fu了嘛？還不快想……」杏宜老師說完，很認真地拚命翻書找靈感。

「『閱讀樂美麗』，怎麼樣？」仲玉老師說。

「不好，我會聯想到閱讀很沒力！」岳璋老師邊反駁，邊偷笑。

「『閱讀我最行』，如何？」虹臻老師說。

「不好，太自大了，評審應該不喜歡。」政儒老師搖著頭說。

「『丹鳳讀思樂』，有感覺嗎？」薏婷老師說。

「沒有，思什麼思啦！不喜歡！」木財老師直率地說。

就在大家陷入瘋狂論辯時，「閱讀帶著走，書香遍丹鳳」突然竄進我的腦海，霎時拼湊排列成整齊的對聯。這十個字不僅包含推動閱讀的初衷，也呈現丹鳳閱讀的終極目標。

我對大家說：「大家先暫停一下，『閱讀帶著走，書香遍丹鳳』，這個標題可以嗎?它不只是推動口號，也說出丹鳳在對的時間，做對的事，讓閱讀成為丹鳳人的亮點和標誌，也期待學生在離開學校後，閱讀能夠一輩子陪伴著他們，豐富他們的人生。」

「怡慧，果然是文青，連得獎感言都背出來了，超厲害的！丹鳳當選，三萬元、三萬元……」岳璋老師又開始誇張地笑鬧著。

是呀！我該對自己有信心，也該對閱讀團隊有信心，只要認真地把這些年在閱讀社群做的事，未來要做的事，如實有條理的書寫出來就好。

閱讀本來就不是譁眾取寵的噱頭，它是長長久久的大工程。

突破了書寫的迷思，我也跨越了卡關的障礙，如期把計畫書寄出。

再次體會閱讀的重要

歲月的流光依然往前推移，因教具室搬遷，我的生活開始和陌生的空間改善工程綁在一起。

看似簡單的抽風機架設、照明燈具的改善、閱讀桌椅的汰舊換新，都讓我很頭疼。想得永遠比做得容易，果真隔行如隔山。許多僵化死板的思維，在設計師的說明後才豁然開朗。

而挑選書櫃的材質與色系、閱讀桌椅的位置擺放、牆面的裝置藝術等的知識，就得靠自行閱讀室內設計的書籍來Update。

知識快速的累積，視野以及見識的擴展，讓我親身經歷過跨領域閱讀的好處，也體會到閱讀的重要。

「怡慧，今天是滿天星閱讀計畫徵選公告的日子，看你那麼忙碌，是不是已經忘記這件事了？」

「是呀！我整天在T5燈管省了多少電，抽風機一台多少錢，閱讀桌該放哪裡……這些事情中徘徊，早就忘記計畫書的命運如何了。我的活動款是否有著落了？」

「快點上網站看公告！我們都很緊張耶！」設備組開始聚攏等結果的社群老師。

設備組人越擠越多，空氣越來稀薄燥熱，我輸入網址的手開始輕微地抖了起來。只是，網路開始塞車，連了好幾次，還是沒有結果。

「唉呀！怎麼會這樣？不然打電話去問承辦人好了，比較快！」心急的老師提議著。

「好！好！再連最後一次，如果再連不上去，我馬上打電話確認！大家別急……」我用安撫的口吻說著，內心卻波濤洶湧，其實我比誰都緊張。

閱讀，讓我變得更堅強、勇敢

「怡慧，我們獲選了，全縣才四所國中，有丹鳳國中……Ya！我們超厲害的……」岳璋老師大聲地喊著。

此刻，夥伴相互擁抱的歡愉，擊掌吆喝的快樂，不斷在我耳邊喧騰著。看著他們因入選而笑開懷，自信滿滿的臉龐，讓過往單打獨鬥的孤獨感消失了。

此刻，彷彿化身為一道彩虹，雨過了就該閃亮整片天空，讓我深愛的丹鳳閱讀，因我而感到光榮。

我知道，閱讀讓我變得更堅強；團隊讓我變得更勇敢。未來，即使碰壁受傷了，還是會樂觀地找到策略解決；即使腸思枯竭了，還是會努力地注入創意活水。有這群可愛的閱讀夥伴在身邊相挺，我們更有信心了。即使未來，仍必須面對意想不到的考驗，但我們內心卻是喜悅而飽滿的。

入選的喜悅，證明丹鳳閱讀的光熱被看見，未來，將會有更多志同道合的人加入我們。

如何進行班級閱讀？你可以這樣做：

1. 營造班級閱讀環境：教室布置時，要適時加入樂讀角落、閱讀標語、閱讀看板，製造教室就是小圖書館的閱讀氛圍。
2. 善用班級書箱、書櫃：讓學生隨時隨地都能在班上找到書籍閱讀。
3. 辦理班級讀書會：透過團體共學的力量，培養孩子讀思並重的能力。
4. 制定多元閱讀評量：班級認證、融入學習單或紙筆評量、自主學習計畫。
5. E化閱讀網：透過班級FB、部落格、網站等更新閱讀資訊、閱讀資訊連結。
6. 多元閱讀發表舞臺：閱讀值日生、新書報馬仔、讀報主播團、戲劇表演、K歌大賽。

因為閱讀，老師把教室還給孩子

我最常遇到的問題是，老師告訴我：「推動閱讀，是你們國文老師的事！」

而國文老師告訴我：「國文教學不是閱讀教學，請不要把國文和閱讀畫上等號！」

「怡慧，你確定研習會場往左嗎？還是往右？」

「從新莊到蘆洲，有這麼遠嗎？」

「我們已經開了兩個小時了，坐到腰都痠、背也痛了！」

「天呀！我們好像迷路了！」

是劉姥姥進大觀園前的焦慮吧！我們在東西南北都搞不清楚的情況下，火氣一來，五個人就在車上吵成一團，誰也不讓誰。

「好了，先安靜下來，再這樣七嘴八舌、鬥嘴下去，不只第一次的共學研習要遲到了，有可能開到天黑，都到不了會場。」我有些動怒地說。

「如果你們相信我，印象中仁愛國小應該在不遠的地方了，昨天我有先來探路，可以交給我開嗎？」

當夥伴說出這句話時，我才體會到，他們重視工作坊的程度並不亞於我。

「那就謝謝囉！一切就交給你了，我們就放輕鬆、補個眠吧！記得到了要叫我們起來研習哦！」

如釋重負地說完，我真的閉上眼睛，讓心情沉靜下來。

既是夥伴，也是競爭對手

「喜歡閱讀，就有能力可以讓一所學校翻轉！」

「推動閱讀，是讓弱勢孩子找到翻身的機會！」

「熱愛閱讀，就能讓自己看到教育的希望！」

「推動閱讀，讓我們能找到教學的熱情和創意！」

夥伴興奮地叫喊我，穿著窄裙的我，也顧不得形象了，跟著夥伴拔腿狂奔。耳邊所傳來會場在討論的議題太有趣，也太吸引人了，我想馬上加入他們。

「怡慧，會場在這裡，快、快、快！」

那一天，我是個進閱讀大觀園的宋大妞，聽到的每件事情都好新鮮、好震撼。

例如，閱讀可以當傳校寶貝、牽手傳書搬新館、閱讀線上百萬小學堂。閱讀推動者的每句話都好激勵人心，每個閱讀的發想，都是改變孩子生命的奇蹟。

原來，能來這裡參加這場閱讀嘉年華會的二十所學校，都各具特色、各有來歷。未來，我們既是夥伴，也是競爭對手，將在一年四次的比賽中互爭星等，相互學習，也相互競逐。

閱讀，在國中被看作升學的絆腳石?!

這是閱讀生命重新蛻變、成長的開始。從獨走的閱讀世界出發，我擺脫自以為見山是山、見林是林的盲點，跨界到閱讀滿天星的大觀園後，我的身影變得好渺小，光芒漸隱。有一度，我還有種自慚形穢的沮喪。

幸好，陳木城、林愛玲及邢小萍校長提醒我：相信自己的能力，只要確定丹鳳國中閱讀推動的目標和理念，找出自己的亮點，即使微光，也會溫暖整個星空。

是呀！工作坊的共學，不僅是相互提攜、協助，也讓我開始彎下腰，更謙卑地看到自己的不足與困乏。

曾經自以為能在閱讀的路上自顧自地披荊斬棘，原來我是過於膨脹自己了。推動閱讀可以做的事情實在太多了，我做的不過是閱讀的鳳毛麟角罷了！要把丹鳳的經典課程與活動融入學校願景，那的確需要更扎實的知能積累，更多人力、物力的注入協助，才可能形塑出來的。

還記得當年工作坊的leader木城校長，他要我們先釐清自己推動閱讀的理念，還有是否真的知道閱讀的重要性在哪裡，也要自己衡量是否有長期抗戰的熱情，畢竟閱讀在國中不是顯學，甚至被看作是升學的絆腳石，推動者不能有三天捕魚，兩天曬網的心態。

來到閱讀滿天星的大觀園，我才知道這些前輩推動閱讀的力道有多強，跨出去的腳步有多大，用熱情與活力堅持走閱讀這條路的第一步有多動人。

工作坊一學期六次、十二天的研習，兩次期中、期末發表會議。最大的收穫是能從他校的課程與活動中，擷取精髓，找出適合自己學校的方法。讓課程與活動不僅豐富、有趣，也達到行銷話題與亮點的雙贏。

推廣閱讀，在國中的弔詭與艱難

是他們讓我學會，**閱讀不是讓師生看看熱鬧而已，真正的門道，是建構一套能長久推動的閱讀計畫**。

因此，每次研習完，我最常和自己的對話都是：我到底能為丹鳳再多做出什麼閱讀特色呢？那樣強大的信念與自我期許，都是共學的正面力量，讓我能不斷自我挑戰、向上提升。

甚至，在共學時，也觀察到一個弔詭的現象：北縣閱讀滿天星二十所學校中，十六所國小所做的閱讀活動或課程，不只是五花八門，也非常有系統，閱讀成為國小六年一貫的學校本位課程，這樣強大的願景，讓親師生都動起來。

但，反觀閱讀到了國中現場，因課綱沒有閱讀課，閱讀竟在國中場域消失了。

以丹鳳國中推動閱讀為例，老師對閱讀並不是全然排斥，但是閱讀到底是類屬哪個領域？要由誰來主導？哪些人來做？在校園裡，一直沒有答案和定調。

或許是對未知領域的一種恐懼與迷思，閱讀在國中校園出現得太突然、太陌生，也太沒有歸屬感了。

我最常遇到的問題是，老師告訴我：「推動閱讀，是你們國文老師的事！」而國文老師告訴我：「國文教學不是閱讀教學，請不要把國文和閱讀畫上等號！」

閱讀在國小是眾星拱月，到了國中，變成燙手山芋。

如果能把爹不疼、娘不愛的閱讀，變成人人可以接受或習以為常的課程，這樣的大突破，靠我一個人就可能不夠力了。所以，我需要有實作經驗的前輩來為閱讀背書，來為推動閱讀真正的破冰。

閱讀，讓各科老師都受益

在中央大學陳明蕾教授、游婷雅教授、張淑美校長等人陸續來工作坊宣導，並澄清正確的閱讀訊息，讓老師知道閱讀理解策略不僅有助學生學習，閱讀也會讓師生變聰明、變快樂。

這些教授和校長用研究的結果和數據，很科學地呈現出，愛閱讀是可以變聰明、變快樂的。這種聰明快樂理論，開始吸引一些老師願意投入閱讀推動的世界。

還有，教授們提醒大家：不斷罰寫，不但對學習沒有幫助，反而會讓學生上手臂肌肉發達，成為鉛球選手，此時，大家彼此面面相覷的錯愕表情，真是有趣。

輕忽閱讀的老師，總以為閱讀不就是看書而已，有什麼可教的？殊不知，書看得多，不如看得懂。當我們誤以為閱讀是比賽誰讀得多時，教授告訴我們，**閱讀是比誰能在一本書中理解得好，能真正體會作者的意義，並與作者對話**。

閱讀，讓老師改變上課方法

當丹鳳的老師們因為了解閱讀，且慢慢看見它的重要與好處時，就願意在課程設計上，利用閱讀理解策略的心智圖、提問法，來豐富課室的教學。

有自然科老師告訴我：「我覺得閱讀理解策略，讓我輕易地變成教室魔術師，一張魚骨圖，就能幫學生歸納環境污染的因果論，也讓學生在短短三分鐘，就把平時要花上半小時的文字輕鬆背起來。」

還有國文老師告訴我：「我試著讓孩子思索父愛為何要用背影來象徵。如果孩子是朱自清，他會用什麼題目來形容父愛。」

最驚訝的是，數學老師告訴我：「我在課堂開始喜歡用文字說明來取代長排數字的教學。」

更重要的是，閱讀理解策略，讓我們開始改變自己的課室教學，讓課堂變得好玩，也開始把教室慢慢地還給孩子，因為他們才是教室的主人，學習的主體。

當年，能這樣有勇無懼地出走，滿天星工作坊夥伴的共學是最大的原因。

在一個可以展現無窮創意，大膽地做自己的場域，我相信自己有能力超越過去對閱讀的想像，讓更多人因了解閱讀而支持閱讀。

同時，我開始有一種更大的信念是，想讓全世界都知道閱讀有多好，閱讀會成為我們一輩子的信仰。

如何徵選文創品？你可以這樣做：

1. 先徵選能代表自己學校閱讀精神的標誌或圖騰。
2. 根據年度經費，辦理文創品徵選活動。
3. 文創品可以結合學校或本地特色設計，例如，杯具組（和當地陶藝家合作）、徽章（融入校徽精神）、提袋（閱讀帶著走）、明信片（閱讀標語加十大美麗校景）等。
4. 文創品也可以當成未來閱讀活動或課程的獎勵品。

流淚後的閱讀ＰＫ賽

「學姊，你怎麼了？剛剛你突然跑出來，讓我好擔心。所以，就一直跟著你……」

虹臻拍拍我的肩，突然圈住了我。

這個溫暖的動作，讓我更放肆地哭了。

「怡慧，要不要準備一下期末報告的資料？」

「怡慧，你準備如何呈現丹鳳閱讀的特色？」

「怡慧，簡報的內容，你完成了嗎？閱讀回顧影片剪輯好了嗎？」

瀕臨崩潰邊緣

閱讀團隊的老師是不是把我當女超人了？我也是一天二十四小時，有可能做那麼多事嗎？難道，他們不知道最近我正在忙科展的事嗎？

我除了閱讀推廣，還有其他業務在做。每次都動口要我做，卻沒有人願意伸出援手，我已經陷入分身乏術的焦慮，他們卻還說風涼話。這樣的負面情緒竟悄悄地在期末報告前的一星期不斷湧來。

「怡慧，其他三組國中推動閱讀都比我們久，才推動一年多的丹鳳，會不會是大巨人和小矮人之爭呀？」大家聽完這話，竟然還哈哈大笑了起來。

我的憤怒已經升騰到喉間，有種快壓抑不下來的感覺。

「怡慧，你要不要再做些閱讀小書籤？把我們的特色，用書卡行銷出去，讓他們更一目了然我們的簡報重點。」

「怡慧，我們可以來做閱讀T恤。發表會時，我們可以穿這件制服，感覺比較專業。不過，你可能要先幫我們設計一下。你比較有創意！」

這些建議現在看來，其實都很有道理、很友善。只是，當時身心俱疲的我，真的一句話都聽不進去。我只知道，這些話讓我很不開心，也覺得很孤單。為什麼這些事都要我做？難道，閱讀就是我的事嗎？

「怡慧，我建議你的簡報要活潑一點，最好來點綜藝咖的梗，不要死板板報告，觀眾會想睡覺哦！」有人開始模仿諧星的口吻，又逗得大家哈哈笑了。

那些笑聲突然像魔音傳腦般，讓我失控地鐵青著臉，奪門而出。

我怎麼會以為他們是我的閱讀戰友？一輩子的朋友？我真是所託非人呀！

風一吹來，眼睛突然酸澀了起來。我任性地坐在樓梯間，讓眼淚無助地滴落而下。

「學姊，你怎麼了？剛在辦公室，就覺得你怪怪的。剛剛你突然跑出來，讓我好擔心。所以，就一直跟著你，你不要怪我自作主張……」

虹臻拍拍我的肩，猛然圈住了我。

這個溫暖的動作，讓我更放肆地哭了。

放下好強，適時求救

「學姊，其實我們都能分擔你的事。你不要凡事都放在心裡，不好意思叫我們做。你是大家的leader，你可以放心、大膽地叫我們做事，其實我們都可以幫你一點忙的……」

虹臻的話，突然解開了我的心結。我總愛表現捨我其誰的模樣，一副天塌下來，我也扛得住的好強。

虹臻的話提醒了我。

適時地求救，讓大家能一起陪著我，面對困難，解決問題，而不要悶不吭聲、自怨自艾的喪氣。

看來，我需要先調整自己的心態，才能重新帶領大家往前走。

「虹臻，謝謝你。我好多了，謝謝你的體諒和包容，就請你幫我發個開會簡訊。明天我們教師工作坊就開個會，分配一下發表會的工作，好嗎？」

「學姊沒問題，等你明天的follow哦！我先去發簡訊和E-mail！」

看著她離去的身影，我才發現自己的幸運。

原來，善良的他們，一直都在。無論是故意說笑話討好我，或細心提醒我，都是為了讓發表會的細節能盡善盡美，只是我都曲解了他們的善意，還在心裡這樣抹黑他們，我怎麼可以這樣呢？一份自責在我心裡不斷升起。

淚水後的蛻變

當天晚上，我把發表會要做的事前準備、簡報內容、工作分配，一一列出，也依照他們的才能，填入負責的項次，更把工作期程列出，讓大家都能清楚每個工作要完成的時間點。還寫了打氣的卡片，傳達我的感謝與歉意。

「杏宜，閱讀小卡由你設計，簡報內容會發mail給你；薏婷，你負責調數據，把圖書館藏、借閱人次、志工人數整理給我；虹臻，協助做簡報母片，還有向學生借制服，報告當天要穿；岳璋，負責送印資料，並完成裝訂套膜；木財，整理所有活動照片給我。這樣OK了嗎？」

「我會負責簡報製作、報告書的書寫。還有，簡報內容，每個人都要上場報告。我可以負責一半，其他一半，大家輪流上去發表。讓大家知道，我們是一個熱情活潑、年輕有活力的閱讀團隊。

「還有，我們是去交朋友的，不要把比賽對象都當成敵人。我們可以盡力爭取自己的榮耀，也得學著虛心受教，這才是工作坊的精神，好嗎？

「另外，大家要想發表會上場的口號，以及下場的動作。雖然我們不是綜藝咖，但來點戲劇效果，也是很好的提議，至少不要讓大家睡著了。」

當我說完這些話，大家突然都不說話了，害得我心裡開始忐忑了起來。

「我覺得怡慧變了，說不上來，就是不一樣了，不過，我喜歡這樣開朗、有自信的你。微笑讓你加分哦！」木財很誠懇地說。

「我知道了，那就盡力完成這場二十所學校的閱讀PK大賽吧！有沒有信心？」

大家齊聲大喊的那句「有」，不僅回應了閱讀的熱情，也喊進了彼此的心坎中，我找回了推動閱讀的自信和初衷，而且我們也準備好了，丹鳳閱讀將是會場一個感人、有趣的故事。

穿著學生制服，大方分享閱讀

發表會當天，只有丹鳳國中、大觀國中、深坑國中、青山國中四所國中，難免成為會場上相互競爭的對手，但是，我們也是感情最好的閱讀夥伴。

例如，深坑國中的閱讀課程扎根很深，發表內容很專業、有條理；大觀國中的

E化閱讀，很有亮點，也很有創意；青山國中小，從幼稚園到國中，是十二年的閱讀課程規劃，大家各具特色，也都是我可以學習的他山之石。

「丹鳳閱讀的亮點是什麼？」評分委員這樣問我。

「閱讀翻轉了我們的生活、心情、生命。一間發霉的圖書室，因一群人的努力而能重新變身成功；一群熱情的志工，讓圖書室從天天閉館到三百六十五天能不打烊；一群愛閱讀的老師，能推動超過四十個班級參與的『交享閱』課程；因為閱讀推廣，讓中央大學柯華葳教授實驗室的老師，能來丹鳳協助辦理閱讀理解課程；民間團體新莊故事協會因閱讀合作案而能來丹鳳培訓說故事志工；還有一群學生自願成為圖書室義工，在課餘替我們布置、行銷圖書室；假期為我們整書、送書到偏鄉。短短一年多的時光，因為推動丹鳳閱讀，讓我們成為有故事的人。」

那天對我而言，不只是一場閱讀PK賽，而是把許多家長、老師、學生默默為丹鳳所做的事，藉由我的簡報、我們的聲音傳達出去，讓更多人知道他們的努力和付出。

有勇氣穿著學生制服，站在發表會侃侃而談閱讀，沒有猶豫與膽怯，是因為閱讀已經成為生命永遠的信仰了。

如何書寫「閱讀計畫書」？你可以這樣做：

1. 先為閱讀計畫想一個好記、好念的名稱，也必須符合推動目標。
2. 書寫閱讀計畫書前，必須先做SWOTS分析，善用學校的優勢和機會點，找到適合師生的亮點課程。
3. 計畫書一定要有目標、推動策略、實施方式、預期成效、概算表。
4. 如果能結合民間閱讀團體的資源、企業合作、社區資源等，就能擴大閱讀資源的效能，引進外埠資源。
5. 績效表一定要有自我評鑑、檢核的量表，也要有質化的敘述，才算完整。

把閱讀心得「唱」出來——閱讀星光K歌大賽

「你想參加，就要先填心得歌單哦！」我吊人胃口地說。
「那是什麼？」小女孩好奇地問。
「告訴聽眾，為什麼這首歌可以代表你看完一本書的心情！」我對女孩說。

「今天的星光大道是蕭敬騰PK楊宗緯，一定超級精采的，記得看哦！」
「你真的很閒耶，小周末還守著電視。你的娛樂消遣和國中生沒兩樣。」
「耶！全台灣現在都瘋他們兩個，好不好？」
兩位老師的對話，突然讓我想起昨日在圖書室，看到一位學生正在看九把刀的《那些年，我們一起追的女孩》，結果學生不自覺就哼唱出林俊傑的〈江南〉。
這幾個例子，讓我突發奇想地歸納出一個線索：丹鳳的學生喜歡唱歌，老師也喜歡聽歌。如果可以把閱讀和唱歌這兩件看起來毫不相涉的事連結在一起，兩者碰撞出來的火花，應該會挺另類、好玩的吧！

那就先到班上試水溫，先辦個班級K歌大賽好了。

閱讀與唱歌的絕妙結合

我告訴學生，如果想在圖書室唱歌給同學聽，就先交出五十個字以內的心得。

心得歌單的內容，只要清楚告訴大家：這首歌為何可以取代閱讀心得？以及書籍和歌曲的關聯性是什麼，這樣就能成功取得班上K歌大賽的參賽權。

沒想到，這個建議一說出，班上幾個愛唱歌的孩子幾乎天天下課，就跑進圖書室。心急的他們，想靠下課十分鐘就找到一本書，來圓他們大展歌喉的夢想。

後來，不知為什麼，這個消息竟在校園裡開始流傳。一些不認識的學生，開始聚攏在辦公室前打探著。

「同學，有事嗎？」我主動走到走廊問他們。

「老師，請問K歌大賽，別班的同學，可以參加嗎？」一個小女生害羞地問。

「你想參加，就要先填心得歌單哦！」我吊人胃口地說。

「那是什麼？」小女孩好奇地問。

「告訴聽眾，為什麼這首歌可以代表你看完一本書的心情！」我接著說。

「聽起來不難，也挺好玩。老師，會開放給別班一起PK嗎？」小女孩開心地又問。

「班上的閱讀K歌活動辦完後，我在十一月，再辦全校性的閱讀星光K歌大賽，你可以代表班上來參加初賽哦！因為每班最多只能有兩組參賽。如果能進入決賽，我們會為大家做星光選手海報、加油粉絲團影片、三天專業的彩排。最重要的是，有高額獎金等著你們哦！」我連珠炮似的說完。

「丹鳳也要辦星光大道歌唱大賽了，Ya！」女孩們開始邊尖叫邊說。

「老師會努力把它辦得盛大隆重，請你們一定要好好練習，闖進決賽。學校會替大家大改造，成為丹鳳最閃亮的閱讀星光。」我誠懇地為這個話題畫上句點。

孩子們開心地跑走了，雖已走遠，卻還能聽到他們興奮又期待的笑語聲。

平均一天聽三十首歌，老師累垮

我把國中生很喜歡的唱歌、跳舞和不喜歡的閱讀放在一起。看起來，他們並不排斥哦！或許，今年丹鳳的閱讀星光K歌大賽會找到比楊宗緯、蕭敬騰更夯的校園明星。屆時，年末跨年，就用閱讀與歌聲和大家來個最熱情、溫暖的倒數計時吧！

沒想到，十一月的初賽，就幾乎累垮了社群的老師。

一周內，我們要聽完一百二十多組的歌曲。平均一天，有三十首歌，在我們耳邊開唱。

在比賽過程裡，有些孩子雖然五音不全，但卻賣力地清唱完一分鐘的歌曲。有些孩子大字不識幾個，就委請同學協助他完成心得歌單。那種想進決賽的心意，讓評審們都好感動。

幾位中途班的學生，為了能參賽，和玲冠老師約定天天準時到學校的承諾，他們願意用好好學習來換取一張決賽資格單。

最特別的是，一個遭逢車禍又重返校園的孩子，在復元後，以載歌載舞的身影告訴大家，他已經浴火重生，請大家別為他擔心。

不少學生練到聲音都沙啞了，還是繼續唱，還有，同一張心得歌單被孩子拿回去塗寫十多次，只想呈現自己最好的一面，能順利闖進決賽。

短短的五天初賽，我就被這些故事感動到幾度泛淚。

一個小小的活動，竟能承載這麼多人的希望與期待。

天天加班，就為不讓孩子失望

只是，比賽難免幾家歡樂幾家愁。當十五組決賽名單公布後，那些落選的孩子們，開始擠進我的辦公室來。

「老師，大家都說我唱得超好，你可以再讓評審看初賽影片嗎？裁判會發現自己誤判了！」

「老師，我自認是第一名才對。可以請你放個水，讓我再唱一次嗎？」

「我快要發瘋了。班上同學都準備好要當我的粉絲團了，我怎麼會落選……」

「我不甘心。我有轉音、飆高音，為什麼還是輸？」

孩子們抱怨著評分不公。激動一點的，還會歇斯底里地嘶吼叫罵。含蓄一點的，只能啜泣、落淚。

這是我從來沒有想像過的畫面，原來孩子真的好在意這場K歌大賽。

我唯一能做的是，點點頭，傾聽他們的委屈，然後再同理他們的失落，安慰他們愛唱歌的心情。但有趣的是，這群國中孩子常常幾分鐘過後，突然又戲劇化的從地獄爬到天堂，自我療癒似的生龍活虎起來。

然後，信誓旦旦地告訴我，明年一定繼續捲土重來，請我要為他們再舉辦一場更體面的場子，讓他們有雪恥的機會。

孩子們的一番話，讓我開始斤斤計較起活動辦理的重重細節了。除了要設計參賽者的照片海報、拍攝完粉絲團的加油影片放到YouTube、完成剪輯十五首歌曲，供學生演唱、集訓決賽選手外，還要布置會場、邀請決賽評審、設計活動流程單，還有找活動主持人。

幸好，工作坊的虹臻、薏婷、仲玉、玉婷、璟豐、岳璋、木財，一有機會，就會輪流陪著我加班到九點，支援我能把事情做到盡善盡美。

另外，夥伴還商請昊剛協助音響器材的工作，更請託彥江老師擔任K歌影片的後製，也遊說到很受學生歡迎的芳婷老師，和我搭檔K歌大賽的主持人。

放學後的校園，處處可見老師和孩子排舞練唱的身影，也有孩子自願替參賽同學做大型看板和海報。大家都希望能在閱讀星光K歌大賽，呈現自己最完美的一面。最感人的是，願意情義相挺而擔綱演唱的靜薇老師、宜君老師、杏宜老師、文祥老師、俊豪老師、瑞顯老師，他們的歌聲的確是星光級的天籟。

以唱歌形式，鼓勵孩子閱讀

那天寒流來襲，虹臻還掛上晴天娃娃，祈求今日的戶外展演能是個晴朗天。十度的低溫，在身邊竄動著，但熱血的大家，卻絲毫不為所動，只希望上天賜給我們一個好天氣。

工作夥伴迎著晨曦就開始動工，從舞台的氣球布置、參賽師生的個人海報張貼、音響設備的測試、燈光的管控，都得在早上七點前完工，而我也狂背著寫滿密密麻麻內容的主持人手卡，期待自己的主持，能為孩子的表演留下驚喜與祝福。

萌系女教師群以勁歌熱舞來開場，讓現場都火熱起來了，再加上煙花聲光效果點綴，孩子們都熱情地舞動著身軀，跟著拍手哼唱。

男老師群帶來的超人變裝秀，讓孩子們都忍不住尖叫了起來。他們很難相信平日言之諄諄的老師，此刻竟變身為活力四散的表演舞者。

孩子們也不遑多讓，個個賣力演唱著歌曲，不僅讓全校師生聽得如癡如醉，也戰勝了站在三千人面前唱歌的恐懼。

我們因為熱愛唱歌而認識閱讀，因為閱讀Ｋ歌而成為丹鳳星光。師生出色的歌舞展演，直至結束，都讓現場拍紅手心，不斷有安可、安可的歡樂聲升騰而起。

這個冬天，我們用歌聲鼓勵學生閱讀，也用音樂豐富閱讀的風貌。原來，閱讀可以變身成各種形式，出現在我們身邊。

閱讀星光Ｋ歌大賽落幕了，一群愛唱歌、愛閱讀的師生故事，卻成為活動最美麗的餘韻，被我們傳唱著。

如何舉辦「閱讀星光K歌大賽」？你可以這樣做：

1. 可以分為教師組及學生組，讓全校所有的老師、學生，自由報名參加。每班最多兩隊，每隊人數以三人為限。（粉絲團人數不限。）
2. 學生可自選一首歌曲，並填寫個人報名表，及心得歌單。（自己閱讀之書籍的書名、演唱歌曲，以及歌曲與閱讀書籍間的關聯性，以五十字為限。）
3. 評分標準中，歌曲與閱讀心得的結合能力，必須占百分之二十以上。（其他標準，如音色、台風、創意、粉絲團，可斟酌分配比例。）

大膽改變學校新書採購方式

正當我如火如荼地準備磐石獎的競賽時，先生卻提醒我。

「最近推動閱讀的動作會不會太大了？難道不擔心會引起其他老師的反彈？會不會給人一種功利，只為比賽而做的誤解？或是過於標榜自己是閱讀達人的負面解讀？」

「大家會緊張嗎？聽說期末閱讀星等的評選，下午會在網路公告！」

「我倒是很平常心啦！不覺得自己身上早就散發閱讀星光了嗎？呵呵。」

「我很在意耶！畢竟努力那麼久了，是期待又怕受傷害的感覺。」

「我是很開心能和大家一起做些事，雖然我不知道自己在熱血什麼。」

「動腦子靠你們，我是支援部隊。別忘了，做粗工交給我就可以了。」

同事們的話，讓我充滿感激，如果不是大家自發性地做了許多事，閱讀不會這麼擲地有聲地在校園被注意、關心，甚至讓更多人投入心力。

歷經一年的努力，我們多多少少還是會在意專家學者給我們的星等評分，還有其他十九所夥伴給予我們的建議與分數。

是等待放榜的學子心情，即使知道自己盡力了，卻不知道可以得到多少真正的分數。

榮獲閱讀五星學校

「怡慧，丹鳳是五顆星。閱讀五星學校！」岳璋老師以採子報喜的口氣跑進辦公室來。

「真的，太恭喜大家了。你們知道星等的意義嗎？如果得到五顆星，就要代表台北縣去徵選第一屆教育部磐石獎的比賽，這會是更大的挑戰，甚至是承擔責任的開始。因為從那一刻開始，我們代表的不只是丹鳳國中而已，更是代表台北縣爭取榮耀的參賽隊伍。」當我說出這些話時，同事們都嚇了一跳。

「怡慧老師有信心嗎？」佳瑩問我。

「如果機會來了，我會把握住。盡其在我，全力以赴。你們也準備好要比賽了嗎？」我堅定地回答。

「怡慧老師，如果需要我們，我們都在。記得吩咐！」宏修爽朗地應允。

那份在意的情緒，反而常常讓我有動力去思考，如何讓丹鳳成為一個有故事的團隊？如何走出自己的閱讀特色與風格？而且讓這個感人的閱讀故事可以一直傳寫下去。

比賽開始了，我有三個月的時間可以準備。那麼，閱讀磐石獎前的自我管控與重量訓練，應該也要即期展開吧！

首先，我利用暑假，先把閱讀文藝復興網站重新整理，把所有的文件表格、照片資訊，更有系統地分類上傳，還有首頁的主題連結要更清晰、活潑。預計一個月後，正式開張啟用。

另外，設計各項活動回饋表，讓全校參與過閱讀活動或課程的師生填寫。進行各項課程或活動的自我檢核評鑑，以利下年度活動的更新，與課程的深化。

根據數據顯示，有四分之一的學生在中學時代，是從來都不進圖書館的。那麼，以丹鳳國中來說，四分之一就是兩百五十人的閱讀客源。如果可以在七、八月期間，和佳瑩老師一起編撰完成圖書館教育課程。**九月的第八節課，先為每個班級，免費進行新生圖書館教育課程**。

若能一網打盡所有的新生，讓他們知道圖書室是一個溫馨的地方，正張開雙手，歡迎他們的蒞臨。

如果能成功舉辦這個活動，或許就能替圖書室找到一千多位的愛讀者。

更幸運的是，透過《天下雜誌》凌爾祥祕書長的推薦，於是能和柯華葳教授閱讀實驗室的丘嘉惠老師，一起合作閱讀興趣量表的設計。因為這份閱讀素養表，讓我開始注意到南美英教授的新書《晨讀10分鐘》。

於是，我找到熱情的林建宏老師，一起合作班級晨讀十分鐘的課程，我們展開了一周三天的早自習晨讀實驗課，並嘗試與秋琴老師採用行動研究的方式，來探討晨讀對提升學生閱讀興趣與學習成就之間的關係。

另外，積極和文建會合作在地作家生活美學的講座，讓社區更多的人能參與校園閱讀活動推廣；也利用夜間、假期，為志工辦理圖書編目、借閱系統流通管理的研習，讓更多社區人力能進駐校園，協助推廣圖書館教育。

全校師生，都能填寫新書推薦單

大膽提議改變校內新書採購的流程，開放全校師生，都可以填寫新書推薦單，但推薦者需要寫出好書推薦的原因。經委員會審核通過，就進行採購。

新書一入館，會在第一時間送到推薦師生的手上，讓他們享受首位讀者的權利。

學期末，再由家長會加碼送好書。推薦者的書籍，若能排進全校十大借閱熱門書籍中，好書大家讀的新書就大方送。

圖書室的新書採購案，開始走向親民化，新書也開始受到大家的關注與喜愛。

同時，我們也鼓勵團隊老師，廣為參與縣內各種與閱讀相關的徵選活動，若能先從類似的比賽中取得實戰經驗，不但能透過發表、簡報，磨練自己的能力，也能訓練彼此的口條與台風。

更多的比賽經驗，能讓我們擴展自己的眼界，也快速學習他校的優點。

源源不絕的閱讀創意

那段時間，我好像有用不完的體力，耗不盡的創意，也曾開玩笑地和夥伴們說：「如果我不在圖書室，那就是在前往圖書室的途中。」

更奇怪的是，那陣子，若睡到一半醒來，就會習慣性地拿起枕邊的紙筆，把和閱讀相關的發想記錄下來，寫著寫著，就會觸動一些好玩又有趣的閱讀活動開發出來。

例如，轉角遇到小書店的闖關活動，就是在半夢半醒之間寫成的計畫書。這個活動，不僅讓師生能到台大附近的小書店，參訪特色書店經營者努力的創業經驗，也將校園春季走讀課程，變成丹鳳受歡迎的閱讀活動之一。

先生臉上的陰鬱消失了

正當我如火如荼地在準備磐石獎的競賽時，先生卻提醒我：「最近推動閱讀的動作會不會太大了？難道不擔心會引起其他老師的反彈？會不會給人一種功利，只為比賽而做的誤解？或是過於標榜自己是閱讀達人的負面解讀？」

「過去，我或許會被這樣的質疑或聲音擊倒，但經歷一年工作坊的淬鍊，閱讀再一次打開了我的眼、我的心。因為親近閱讀，我也堅強了許多。當別人誤解我是媚俗、討好時，我也能勇敢地承擔這些壓力。沒有一件事的進行，是可以順利、無波折的，該扛起的責任，也是該承受的重。但如果能多讓一位老師或學生在各項活動中，體會到翻開一本書的喜悅，能讓閱讀無所不在，這才是我該注意的重點吧！閱讀讓我擺脫自卑，放下自大。相信自己，只要更努力，應該可以讓身邊的人變得更幸福。不知道你有這種感受嗎？」

當我說完這些話，先生臉上的陰鬱消失了。

雖然，他還是沉默不語，但是我知道，我應該解除了他的焦慮與擔心。請他相信我已經長大，不再是愛哭泣、愛放棄的弱女子了。

比賽開始了，學著在沒有掌聲，卻又充滿壓力的地方，繼續為閱讀而戰，真正實現盡其在我的初衷。

我們向比賽終點走去——此刻已沒有任何聲音可以阻擋我前行的意志了。

如何採購圖書室新書？你可以這樣做：

1. 先統計「師生的借閱排行榜」：了解全校師生的閱讀喜好，製作「校園十大借閱好書」，因為那些全校師生搶著要借的「當紅炸子雞」就是採購重點。

2. 再查閱借閱系統中，最夯、「最常被預約外借的書籍」，因為那些書供不應求，也是採買重點。

3. 中學生最喜歡電影改編小說，它融入科幻想像、多元文化的書寫元素，如《哈利波特》、《飢餓遊戲》、《暮光之城》、《墨水心》等，可列為第三波採購對象。

4. 短篇小品散文集、傳記人物故事、年度暢銷書、經典好書，都是能貼近且開闊孩子生活體驗的書類，更能增添館藏的新鮮感、豐富感，可列為第四波採購書類。

廁所間的耳語風暴

「耀焜，你知道要如何寫一封文情並茂的辭職信嗎？」我無奈地問。

「發生什麼事？最近人太紅了，有人要積極挖角你？」先生無厘頭地回答。

「才不是，今天我聽到同事在討論我，不過不是很正面，我好像被歸類成踩著別人往上爬的反派人物。」我難過地說。

「恭喜學姊，剛剛在教育局的公告中，瀏覽到你獲選閱讀推手特優獎的消息，未來就要代表台北縣，去爭取教育部閱讀磐石推手獎了耶！你為什麼那麼神祕、那麼低調，都不告訴我們這個喜訊？」宏修充滿疑惑地問。

「謝謝大家的幫忙和推薦，才能很僥倖地獲選。而且，只有我一個人單打獨鬥，也做不出什麼事，因為能和你們相互合作、學習，才能讓微不足道的我，因你們而被放大、看見了。」我有些害羞地回答。

「哇！這是我們社群的榮耀耶！一定要請學校為學姊做張大海報來賀喜一下！」宏修老師熱情地說著。

「我待會兒請社群所有人喝飲料、吃蛋糕，謝謝大家與我一起打拚！」我有點不好意思地說著。

「別客氣！只要你知道能獲選，我的功勞最大就好！我要一杯星巴克拿鐵咖啡！」

「是我犧牲自己的可愛，烘托你的美，你才能獲獎。哪個最貴，就幫我點哪個！」

「做人要懂得感恩呀！要知道誰是好朋友，就看這次下午茶的分量了！」同事間幽默地答腔著，讓喜上加喜的快樂加溫，我開始籠罩在一種飄飄然的幸福感中。

只是，沒想到這份幸福的背後，卻即將引發一場風暴，對我襲捲而來。

難堪又憤怒的情緒

「沒想到她是這種人！根本就是利用別人替她做事呀！」

「是呀！還利用別人的善良，來塑造自己很熱血的形象。這種人，唉！」

「說起話來，感覺很清高、很有理念。到頭來，還不是為自己。」

「這種假面的人，日子久了，還是會露出真面目。」

在廁所準備出來的我，聽見幾個老師在洗手台旁的對話，讓我不免對號入座，胡思亂想了起來。

「他們說的會不會是我呀？」

「我要不要馬上推開廁所的門，問一下真相？」

「需不需要強勢地反駁他們，讓他們知道我才不是這種人？」

「還是要忍氣吞聲？讓這種聲浪繼續延燒？」

「難道我獲選閱讀推手獎，不應該被祝福嗎？」

我一方面焦慮，一方面也生氣。

我突然像犯錯的小孩，只能把自己關在廁所內，無能為力地等待著重見天日的時刻。慢慢地，門外的聲音不見了。

坦白說，我對他們的聲音感覺很陌生，從對話，也很難推敲、判斷他們說的義憤填膺的「那個人」到底是誰，但直覺感受是，不是我，還有誰？

我躡手躡腳地走出廁所，心虛地以百米快跑的速度躲回辦公室，心中不斷竄升一種難堪又憤怒的情緒。

「他們到底是誰？為什麼會這樣說我？」

「是不是大家都這樣解讀我？這樣想像我？」

「為什麼我比賽得獎了，就成了投機分子？」

「我真的是愛出風頭的功利主義者嗎？」

從來沒有被工作上的累給擊垮的我，即使做得再多，也不需靠別人肯定的掌聲來激勵自己，因為我有堅強的閱讀信仰在支持著。

可是，我也不想變成那種自我感覺良好又鄉愿的人。那樣的對話，足以證明我的努力，還是敵不過十面埋伏的噓聲。同時，也不能因為他們對我個人的誤解，而傷害了閱讀這個神聖的招牌。或許，是該要找個適當的時機，用漂亮的身影下台的時候了？

萌發辭職的念頭

「耀焜，你知道要如何寫一封文情並茂的辭職信嗎？」我無奈地問。

「發生什麼事？最近人太紅了，有人要積極挖角你？」先生無厘頭地回答。

「才不是，今天我聽到同事在討論我，不過不是很正面，我好像被歸類成踩著別人往上爬的反派人物。」我難過地說。

「是公開場合嗎？他們有指名道姓嗎？」先生開始關心地問。

「沒有，是我不小心在上廁所時偷聽到的。他們沒說誰，但根據我的邏輯思考，那個人應該是我！」我學著名偵探柯南的口吻說著。

先生突然哈哈大笑了起來。他這樣的反應，不只讓我十分光火，也十分受傷。

「現在我才知道，男怕入錯行，女怕嫁錯郎。像你這種沒有同理心的人，比那些私下說我閒話的人，還可惡、還過分。我很後悔嫁給你這種人……」雪上加霜的委屈，讓我口無遮攔地對他吼著。

一觸即發的氛圍，讓先生也不甘示弱地說：「你可以不要把想像力放在這種無聊的事情上面嗎？做行政的人，早該有能力，讓負面語言左耳進、右耳出。你心中沒有一把尺嗎？還是你已經變成騎驢的父子，隨人擺布了？如果是這樣，我支持你辭職，因為你真的沒有智慧和能力勝任這份工作。」

「是的，我沒有智慧，心胸也很狹隘，甚至能力也很差，所以我會如你所願去辭職。」說完，我真的有種不如歸去的無助感。

先生的當頭棒喝

「如果你還是這樣激動，你就會把所有人的好意錯誤解讀。在我看來，過去的你，真的把工作做得盡心盡力，也讓身邊跟著你的人開開心心的。建議你，不要把茶水間的玩笑話拿來自己嚇自己。如果你是當事人，你應該更能坦然無愧、心安理得的面對這些阻力。」

我驚訝地看著先生。

他繼續說：「這麼多年來，你是為什麼而戰？為誰而戰？你比我清楚。怎麼會因為別人的三言兩語，就輕易放下自己的信仰。這樣的你，有資格說，自己有多愛閱讀嗎？」

淚水開始在我眼眶裡打轉，但我忍著。

「**學會包容各式各樣的噓聲，是每個推動者應該要擁有的能力**。如果想讓自己成為更堅強的人，這一關，要靠你自己闖過去。我也幫不了你！」

「進一步來說，你在丹鳳工作才三年多，真正認識你的人，不就是那些工作坊夥伴而已，他們不是一直陪你實現很多不可能的任務？也心甘情願地跟著你上山下海？這些你都忘記了嗎？要不認識你的同事，給予你正面的評價，給予你掌聲，你覺得是件容易的事嗎？如果不容易，你又何必這樣苦苦強求呢？面子一斤值多少？吃得下，睡得著，比較重要吧！」

沒有先生的這些當頭棒喝，我的心思還困在那無聊的蜚短流長中。

噓聲原來是向前

如果我被貼上了負面標籤，我該做的是，花更長的時間去證明自己的信仰，用行動去消弭這樣的噓聲，我才有可能擦亮閱讀這塊招牌。

我的出現，若能讓更多人感受到閱讀的好處，就能讓閱讀在國中有鹹魚翻身的可能。至於，別人對我的評價與認同，不再是擾亂我前進的阻力。

這一次，廁所間的噓聲風暴，不僅讓我看清自己的格局還是太狹隘，面對壓力的承受度也太弱了。

此刻，面對噓聲四起，卻能勇敢跨出的這一步，讓我知道唯有堅定自己的閱讀信仰，才能克服所有未知的恐懼。

如何培訓「閱讀親善大使」？你可以這樣做：

1. 尋找愛閱讀的學生：找出班上喜歡閱讀的學生，讓他們協助老師，進行班級閱讀活動或課程。
2. 培訓愛閱讀的學生：愛閱讀的學生難免還是會有「閱讀偏食症」，老師可以成立學生閱讀社群，讓他們相互分享不同的書籍，讓學生閱讀的種類多元。
3. 獎勵愛閱讀的學生：透過各種方式，提高圖書親善大使的曝光率，並能營造一個能分享愛書的環境。例如，擔任班級讀書會主持人、閱讀角落張貼優良作品。
4. 鼓勵愛閱讀的孩子參與校內外閱讀活動、課程：蒐集相關閱讀活動或課程徵選訊息，讓學生有機會參加，擴展視野、建立價值觀。

淚水後，掌聲終於響起

「孩子的閱讀習慣不能因升學主義而中斷，國中閱讀更不能再空白下去了。國中閱讀一定要做，一如丹鳳，也能做出亮眼的成績。」我一口氣、沒有猶豫地說完這些話。

在二〇〇八年InnoSchool北縣學校經營創新獎的決賽中，評審與教授在口試會場先提出了三個問題：

「談一談你們三人參賽的動機。」
「談一談你們此刻站在這裡比賽的心情。」
「談一談丹鳳推動閱讀改變了什麼？你們又看到了什麼？」

孩子的閱讀習慣不能因升學主義而中斷

賽前，我們曾利用下班時間，做過三、四次的賽前集訓，舉凡要如何在應答中表現出熱情大方的態度，要如何以不疾不徐、好整以暇的速度做出回應。

只是這三個問題都問到心坎裡了，讓我開始猶豫，到底要不要按牌理出牌，還是跟著感覺走呢？猶疑不定的心情，讓我愣了好幾秒。

評審的眼神，開始逡巡著我們三人。

「深呼吸，只要誠實的說出感覺，不要被比賽的成績給絆住了，勇敢地說！」我的心底響起這樣的獨白。

「先謝謝評審的提問。其實，這是一群老師、學生、家長努力地為推廣校園閱讀而戰鬥著。過去有很長的一段時間，我們在閱讀的世界缺席了，後來，是這群朋友喚醒我：很多事如果現在不做，未來更不會做了。」

我深呼吸，直覺該把所有的心情一次說完。

「我們參賽的動機很簡單，就是想讓好的人、好的事，被大家看見。他們可以選擇默默付出，但我不能因他們的沉默，而讓他們的故事被忽略。我期待透過比賽把這個故事說出來，感動更多人、影響更多人。同時，透過比賽，整理曾經做過的事，也從中規劃出未來的展望。過去，我以為比賽一定要贏，才算成功，但現在的我，只是很簡單地想透過比賽，讓閱讀被評審看見。」

我看見有一位評審抬起頭看著我，我知道是時候了。我可以把他們當夥伴，好好地邀請他們走進閱讀的美好了。

「如果您們因我們的分享而感動，願意花時間一起來推廣閱讀，即使不得獎，也是我們參賽最大的收穫。當然，丹鳳若能靠閱讀，在經營創新獎中脫穎而出，那麼就是告訴所有人，孩子的閱讀習慣不能因升學主義而中斷，國中閱讀更不能再空白下去了。國中閱讀一定要做，一如丹鳳，也能做出亮眼的成績。」

我一口氣、沒有猶豫地說完這些話。

閱讀讓丹鳳的師生蛻變

雖是班門弄斧的逞能，但，放眼望去，評審們不僅沒有打斷我，還陸續點頭微笑，示意我繼續說下去。

「如蜉蝣微小的我，看到閱讀讓丹鳳一直在蛻變著。例如，自發性籌組的閱讀工作坊，形成一股同儕共學的氛圍，讓我們能透過閱讀課程的分享，自然而然變成學習型組織的校園。以我而言，從一個人做教材做到快黔驢技窮的無助，到有夥伴，能合作、學習的快樂，讓一再延宕的圖書館教育課程，終於在今年設計完成。」

我心有所感地說著，評審的眼神也開始專注地停在我身上。

「今年社群開始實作文本的閱讀理解策略，這不僅讓教學現場，變得更有創意，也能適時把提問策略，融入國文課程。舉〈王冕的少年時代〉這課來說，當我提到王冕因為孝順母親，自願放棄學業而去放牛時，學生一直在幫王冕找出可以上學，也可以賺錢的方式。各種千奇百怪的理由，都在支持王冕走向魚與熊掌都能兼得的未來。孩子勇敢向文本內容挑戰，老師也適度把教室的學習權還給學生，那麼課程不僅活潑、有趣，也更能貼近孩子的生活經驗。」

「是不是還有其他學科也在進行類似的改革？還是只有國文科？」教授有興趣地問著。

國文、數學、美術老師因閱讀，在教學上的成長

「有位數學老師曾分享，過往的教學活動，比較侷局在解題技巧上。現在，他開始讓數學題型與內容的呈現，走向生活化、趣味化。甚至，課餘也願意陪著孩子分享數學家的傳記故事。讓學生從陌生的公式，學到定理發想的邏輯，也能從學數學進階到讓數學能解決生活問題。一條條死板板的公式，開始有人情味，也有許多想像的空間。」

「這是學科老師因閱讀而改變的例子，還有其他領域可分享嗎？」評審開始對這個議題有興趣，繼續提問著。

「有位美術老師進入圖書室借書後，曾有感而發地建議我：可以用十種色彩做圖書分類的概念，不僅容易整書、分書，還能讓讀者更快速、一目了然的找到自己想要的書籍位置。原來色彩學也可以運用在圖書管理上呢！還有，閱讀K歌大賽，

意外地協助輔導室找回中輟的孩子，開始願意回到校園來學習。這些都是意外的、美好的成果。」

毫不停頓地說完幾個感人的故事後，理性開始占據我的腦子：「不知道，我的發言會不會太輕率？這麼重大的比賽，會不會被我的發言給搞砸？」

其中一位評審好像在沉思，放下筆後，告訴我們：「回答得很真誠，沒有刻意包裝什麼，更能看到你們團隊的熱情與努力；訓練無素的答案，有時候更能接近你們突破困難的心情。其他兩位老師可以也分享一下，你們推動閱讀，遭遇過最大的挫折是什麼？你們有找到什麼好方法，克服它嗎？」

在國中推閱讀，最大的困難

萱婷老師誠實地說：「我覺得遇到**最大的困難是，在國中推閱讀呈現一不三沒有的現況。一不，是不受歡迎。三沒有，是沒有人力、沒有物力、沒有經費。加上升學壓力來攪局，學生普遍不閱讀，只注重補習的成效**。家長對閱讀的認識也不深入、正確，常常認為閱讀是看閒書，浪費時間，所以，剛開始，幾乎親師生人人都反對閱讀。我們好像是一直被退貨的推銷員，心裡還挺難過的。」

評審有些意外地看著我們，虹臻老師接續地回答：「一般人可能不明白，國中對閱讀推動，幾乎是在沙漠找甘泉，難上加難。不過，學姊願意改造圖書室，讓老師注意到有人在閱讀環境上的突破；還有學姊籌組閱讀工作坊，讓我們有個推動閱讀的窩。在那裡，可以彼此腦力激盪，在那裡，可以吐吐苦水！我們一起做過許多好玩的事，也挑戰過許多想都沒想過的事。我們的黑眼圈都是熬夜推動閱讀，自然烙印上去的免錢煙燻妝，那是我們一起奮鬥過的證明。」

評審聽了這種回答，也開玩笑地問：「丹鳳的老師都像你們一樣，年輕有活力、聰明又熱情嗎？」

「通常會被派出來的，都是學校最菜、貢獻度最低的人。如果不能把他們的豐功偉業好好地呈現出來，回丹鳳，有可能會被大家踢出社群。我們現在好擔心沒有得獎，可能會被留社察看，回不去了！」

虹臻回答完，在場的評審都開懷地笑了。

在社群待久了，讓我們習慣用真心話來闖關。此刻，大家都忘記正在比賽的焦慮，也放下了成敗的得失心。

謝謝評審真誠的笑容，讓我們知道閱讀變成丹鳳掌聲響起的通關密語了。

「怡慧，丹鳳又在北縣學校創新經營獎榮獲特優！這個好成績，應該讓你更有信心，帶著我們去爭取第一屆教育部閱讀磐石獎了吧！」仲玉開心地抱著我說。

如何增加學生閱讀機會？你可以這樣做：

1. 第一步：老師在上課時，可以提供與教授內容相關的短篇文章或名人傳記。
2. 第二步：老師在課後，可以提供與教授內容相關的延伸書單，請學生利用時間閱讀。
3. 第三步：透過聯絡簿，每周可固定一天，與學生進行閱讀分享或問題澄清。
4. 第四步：每個月，可以辦一次班級讀書會，一起討論共讀書籍的內容。
5. 第五步：在寒、暑假時，可以根據班級書單，指定學生持續閱讀，以培養閱讀的習慣。
6. 第六步：學校可以適時提供相關的閱讀活動或競賽，讓學生參加。
7. 第七步：每日早自習，如果能搭配晨讀十分鐘或讀報教育，學生的閱讀成效將更明顯。

販賣閱讀

「耀焜，今年我想更大膽地來推閱讀，就是直接把閱讀當成商品來販賣，所以，你可以幫我想幾個嗎？」我搬救兵似地說。

「小從閱讀徽章、明信片、筆記本，大到閱讀瓷杯、閱讀提袋、閱讀雜誌，都是不錯的選項！」先生大器地提議。

「怡慧，我找到溫州街有間小書店，裡面應該有你心儀的絕版書哦！要不要去？」

「怡慧，台北國際書展開跑了。你不是買書成癡的大亨，要不要和我一起去找驚喜？」

「怡慧，永和開了間很別緻、有創意的書店，要不要一起去當文青，順便去喝杯咖啡？」

同事、好友都知道我是一聽到有文藝活動，就會馬上變身的「追藝」人。只是，這份喜歡閱讀的心情，如何擴展到丹鳳？如何感染到每個人身上？如何讓獨閱樂進階到眾閱樂？這些念頭，還是常常會占據我的心思。

「閱讀」是門好生意

那天，同事送我一本小冊子，不僅美工設計別緻，而且相關的藝文訊息清晰好讀。我大開眼界，也愛不釋手。

看著看著，我突然靈機一動，丹鳳是不是也可以移植這樣的創意來推出「閱讀海報」？

「今年海報徵選是不是要加入兩大元素？就是把行銷丹鳳閱讀，以及學期閱讀推動訊息都融入進去？」我有感而發地和辦公室同事分享著。

「除了行銷『轉角遇到閱讀』的海報徵選，我們是不是也可以設計一些專屬的閱讀文創品，讓丹鳳閱讀隨時隨地被看見？」同事也提出好意見。

這個提議，讓我回到家都還在動腦筋想。

「耀焜，今年我想更大膽地來推閱讀，就是直接把閱讀當成商品來販賣，所以，同事提議可以從文創品開始著手。只是，我需要一點靈感，你可以幫我想幾個嗎？」我搬救兵似地說。

「小從閱讀徽章、明信片、筆記本，大到閱讀瓷杯、閱讀提袋、閱讀雜誌，都是不錯的選項！」先生大器地提議。

「烏矸仔貯豆油，看袂出，你什麼時候變這麼聰明？該不會是常常和我聊天，開始耳濡目染，也變成閱讀達人了吧？」我不禁誇起他來。

「天下有一種比鐵布衫更厲害，連子彈都打不穿的東西，你猜是什麼？」先生正經地說。

「是腦筋急轉彎嗎？你知道我一向不會猜謎，快告訴我答案！」我求饒地說。

「就是你的厚臉皮啦！哈哈！」先生淘氣地說。

「真是給你一點顏色，你就放肆地開起染坊來。說正經的，你還有什麼好想法？快點說。」我一面反擊他，卻也十分認真地想著。

成立丹鳳閱讀部落格、FB

「我覺得行銷閱讀，還有一個亮點，就是閱讀要邁向Ｅ化。在高科技的網路時代，用Ｅ化的方式來行銷閱讀，有時候效果更快速，也更無遠弗屆。所以，請別偷懶，要記得常常更新校園閱讀網站，提供最新資料，讓師生一點就閱！」先生提出Ｅ化閱讀的效果與亮點。

平常沉默寡言的先生，不鳴則已，一鳴驚人！尤其，閱讀Ｅ化的想法，果真一語驚醒我這個夢中人。

推廣閱讀，死板的我，還一直停留在紙本閱讀，卻從來沒想過可以與時俱進的跨界到網路。

先生的建議讓我開始觀察：國中生大都喜歡掛在網路，玩虛擬遊戲。如果可以透過閱讀平台，讓他們滑呀滑的，就能馬上獲得閱讀新知，這真的滿酷的！

這次和先生兩人小組的對話，讓我體會到三個臭皮匠勝過一個諸葛亮，因此，在下一次社群開會時，我開始邀請更多社群外的老師一起來參與。

會議一開始，我開誠布公地說：「丹鳳閱讀的部落格、FB，將在一個月後開始營運，希望大家多捧場，會在平台分享閱讀課程與新活動的資訊，供所有師生參與或轉載。閱讀平台不僅能拉近和新世代學生的距離，也能突破空間的距離和時間的限制，更快凝聚閱讀推動的共識和話題。尤其，學生也會覺得老師很新潮，很跟得上時代。這種正面的形象，是不是也挺好的？」

推出一系列閱讀文創品

老師們普遍沒有反對的聲音，我接著詢問：「未來，我們會推出一系列的文創品，大家有沒有好的想法要提出？」

木財一馬當先地說：「建議怡慧，首推閱讀T恤，讓大家能穿著同樣的服裝來進行活動，不只塑造數大就是美、團隊就是力量的形象，也可以當作社群紀念衫，或用來收藏的禮物。哪怕沒有經費，我們也願意自費來訂購。」

岳璋老師也說：「之前，我們有想過要做閱讀提袋。不僅可以落實閱讀帶著走的想法，也可以透過師生拿著閱讀提袋，讓校外的民眾可以注意到丹鳳閱讀哦！如果有經費，建議先做一款。」

玉婷繼續提議說：「每次我去旅行時，都會買景觀明信片當作紀念。如果能辦理丹鳳十景的閱讀明信片徵選，不僅可以利用圖文，行銷校園美景，也可以透過明信片，傳情給久違的故人，不是很有意義嗎？」

年輕的宏修說：「我喜歡親善大使的行銷概念。讓長相甜美可愛或文質彬彬的少女少男，替閱讀代言。讓他們這些活招牌，替閱讀做推廣，會比我們這些LKK來得討喜，也有魅力吧！」

老師們的創意與發想真的不輸給新世代的年輕人，最後我們定調出：如果閱讀是我們想販賣的商品，那麼，**文創品的吸睛程度一定要很閃**。從文創品出發，未來，**要利用有趣的課程，或活動來包裝閱讀，讓還在閱讀圈外觀望的顧客走進來**。

許多議題都在會議中拍板定案了，我做出結論：「九月中旬，我們來委請美術老師設計出社群制服。校慶周，閱讀社群就統一穿著社服，進行閱讀活動或課程。」

老師們紛紛點頭，表示同意，也提供一些校園文創品徵選的注意事項：「首先，徵選訊息要通暢，活動要辦得盛大，獎金也要豐厚。徵選後，文創品產出的質感一定要嚴格品管，若能以最接近原創的彩度為標準。多注意些成品的小細節，就能讓參賽者感受到我們的用心。」

老師提出的建議，專業程度真的一點也不輸給坊間的企宣人員。開學後，高品質的閱讀海報，不僅將校園轉角裝點得更繽紛、美麗，也讓圖書室長廊、閒置空間，因海報的張貼而給人耳目一新的驚喜。

如何設置「校園閱讀E化平台」？你可以這樣做：

1. 結合年級資訊課程，請資訊老師協助建立班級部落格、FB。
2. 推出校內班級部落格與FB的徵選競賽，鼓勵學生參賽。
3. 辦理班級部落格徵選說明會，提供參賽學生，閱讀部落格或FB的設計概念與技巧。（提供閱讀網站的好站連結、學校閱讀訊息的擷取、閱讀報馬仔等更新教學。）
4. 運用校園網站，行銷點閱率最高的班級E化平台，讓全校師生都能使用閱讀班級網、部落格、FB，以達到資源共享的目標。

最獨特的「動漫區」

「怡慧，你願意規劃中學生漫畫閱覽區嗎？小時候，我就是看《尼羅河女兒》長大的。」

「我也覺得漫畫《海賊王》，所呈現的尋寶、尋夢的內容，可以讓國中生找到勇氣與堅持。」

開學後，利用幹部訓練的場合，積極進行一連串文創徵選活動的宣傳。同時，為了擴大徵選的規模，也開放老師和家長參與文創品的競賽。

舉凡閱讀提袋大賞獎、圖書明信片徵選、閱讀親善大使的代言等校園閱讀活動，透過砲火密集、分工嚴謹的推廣，開始讓師生動起來了，也讓初秋的校園瀰漫著文創徵選的熱鬧氛圍。

校園最火紅的議題

「老師，閱讀提袋徵選，真的會把我的作品做成提袋嗎？」

「老師，明信片徵選，真的會把我的作品印出來嗎？」

「老師，你確定我們如果入選校園閱讀親善大使，可以得到好書十本，還有圖書禮券五百元？」

「老師，我的對手會很多嗎？現在有多少人來投件？」

圖書室因為文創徵選，又出現川流不息、門庭若市的場景。

每天下課，擠滿了對徵選有興趣的學生，從他們熱烈的提問，我知道社群又成功地讓文創品徵選成為校園最火紅的議題了。

老師的支持，揪感心

某天傍晚，人潮漸散時，突然有位老師走進來問我：「怡慧，這些文創活動，除了學生參加外，老師也可以投件嗎？因為我聽學生說，首獎作品都將會做成實體的文創品。」

第一次有老師詢問徵選的事情，讓我受寵若驚了起來。

我很開心地說：「非常歡迎老師來投件，評審是委由外聘專家擔任，他們會做公平的評選，老師一定要來參賽哦！」

老師謙虛地說：「如果僥倖得獎，我會把獎金捐出來，協助下一屆徵選活動的基金。我只是單純希望自己的創作能符合你們的閱讀精神，一起參與這個有意義的活動而已。」

老師禮貌又貼心的回答，在我心底泛起很大的漣漪。

文創品不單純是行銷閱讀而已，也是大家和閱讀相遇的方式。每個人的內心，或許多多少少都期待著自己獨創的發想或設計，能成為日常生活中，被大家看見的作品吧！

走讀課程＋手作書

有一天，幾個老師突然走進辦公室，其中一位老師說：「怡慧，除了行銷閱讀活動，你要不要也乘勝追擊，順勢行銷校園閱讀課程？」

仲玉的提議正中我心，讓我忍不住說：「你不愧是我的好麻吉！這學期，我要辦春季走讀營、夏季閱讀採編營、秋季科普學堂闖關、冬季戀歌藝文季。按照四個季節，產出校園最有亮點的課程。我需要大家一起投入，除了加深課程的深度外，也可以讓閱讀特色課程，透過亮點行銷，最好能吸引媒體來報導，讓校本課程能繼續被推廣下去。」

當我說完，玉婷老師旋即提出疑問：「但這不容易耶！活動比較容易造成議題，課程行銷就有點難度了？你想如何規劃，有腹案了嗎？」

藏不住祕密的我，就讓這個想法提早曝光吧！

我用說祕密的口吻說：「校園春季走讀節，是想透過在地旅人的步行活動，感受自己與土地的連結。我們身邊有一條蘊含歷史人文的新莊老街，或許，身在其中，天天走來晃去的，反而看不到老街美麗的風土與奧祕的人情了。

「如果可以設計走讀課程，把新莊的文學、新莊的歷史、新莊的藝文、新莊的傳說，拼裝到走讀營的課程中，轉角遇見閱讀，就能從丹鳳跨界到大新莊區。如果能成功，用閱讀走出去的想法，應該指日可待。誰想擔任課程設計種子老師呀？先搶先贏，快點哦！」

「這個走讀課程，我願意試試新莊歷史與老故事的部分。在地的實作課程，我喜歡！」

「我可以幫忙規劃有吃有玩的老街踩踏路線，身心都吃飽了，才叫走讀呀！」

「我提議設計『Play，書不累』的手工書課程。**讓走讀前，先完成一本走讀手作書**，才像現代文青。拿著書，走起路來，也挺詩情畫意的！」

規劃孩子們都愛的「動漫區」

幾個老師們開始用熱情的回答支持著我，讓這件看起來挑戰很高的課程，漸漸有了雛形與輪廓。只是，一直放在我心中煩惱的那件事，要不要也趁機問問他們的意見？

我以吞吞吐吐的口氣，打斷正滔滔討論的他們：「你們有沒有發現，每個月只要辦完閱讀飆書活動，客源就開始越來越少。金莎巧克力、雞排、飲料的誘因，讓他們走進圖書室。只是，要長期留住他們的心，總不能一直送這些東西吧！」

「怡慧，你願意規劃中學生漫畫閱覽區嗎？小時候，我就是看《尼羅河女兒》長大的。」

「我也覺得漫畫《海賊王》，所呈現的尋寶、尋夢的內容，可以讓國中生找到勇氣與堅持。」

「如果可以，你**可以買些橋梁書，它能指導閱讀漫畫的學生進階到純文字書。把喜歡動漫的學生，留在校園動漫區討論、分享，總比放學後，在外面趴趴走、去網咖好太多了**。你覺得如何？」

老師陸續提出規劃校園動漫區的看法，不僅實用，也是學生會喜歡的閱讀書類。常常在碰壁期，不知要往哪裡走時，這群朋友都會讓我看見峰迴路轉的奇蹟。

「好的，如果圖書室能從漫畫區出發，提升學生的閱讀動機，也順勢培養他們的閱讀習慣，值得我們來推廣看看。」

主動又熱情的「行動圖書館」

有老師以加碼大放送的口氣說：「如果要一網打盡客源，**主動開發行動圖書館**

呀！直接送書到班上，業務量會增多，卻讓師生看見你願意把書送到班級的熱情，會有很正面的效果哦！」

聽到這個提議，我附和說：「目前，丹鳳已經有行動圖書館的概念，只是我們的名稱叫『班級行動書箱』。如果圖書股長到線上或圖書室，填寫行動書箱意願表，志工媽媽就會把各班申請的四十本書籍，從書架上取出，再放進書箱內。

「透過行動書箱主動出擊的方式，可以快速又人性化地把書籍送到同學手上。只可惜我宣導得不夠徹底，很多人都不知道吧！」

同事鼓勵地說：「行動書箱的推動，不只另類，也很有創意，值得我們一起支持。有時間，大家也相揪，一起來整書、找書、送書，給圖書室一個實質的支持。」

聽見大家無私地分享與付出，讓我對圖書室客源日漸缺乏的忐忑與不安，有了如釋重負的感覺。

與博客來網路書店合作

突然間，又有老師欲言又止地看著我，有點為難地說：「看見怡慧和博客來書店合作的高中職閱讀同樂會，成效真的很不錯。不過，國中部的班級閱讀，是不是也要給師生一點獎勵與掌聲呢？有時候，**大家在意的不是多了一張書籤、多了瓶飲**

料、多了包零食，而是一點點被尊寵的榮耀感而已。不要誤會，我又替你找工作做，或是要你破費，請大家吃東西哦！」

我拍拍他的肩膀，心有戚戚焉地點點頭。

此時，無聲勝有聲。他們的心意，我真的都懂，也真的很感激。

仲玉用可愛的聲音打破這沉靜：「我覺得丹鳳閱讀真的都好會行銷閱讀哦！丹鳳閱讀如果是一種食物，我認為它不只是米其林三星級的美食。最特別的是，它會好吃到讓你不吃不可，一吃就上癮的平民美食。丹鳳閱讀會讓你吃了，變得聰明、健康、有活力哦！」

夥伴有人起鬨地說：「哇！仲玉老師獲選為本校熟女級的閱讀親善大使，她的這些話，不僅成功地行銷閱讀，也把一堆年輕代言人打得落花流水了。給她拍拍手，給她放煙火！老當益壯，薑還是老的辣！」

仲玉突然裝作生氣地說：「在女生面前，千萬不要提老這個字，陳請怡慧，將他驅之別院，永不錄用。」

身邊陸續出現鑽石級的閱讀行銷高手，讓我這個骨董級的閱讀代言人地位開始受到動搖，但大家喜歡閱讀的心意，讓沉寂許久的校園，開始洋溢著活潑、青春的朝氣。

如何進行「讀報教育」？你可以這樣做：

1. 訂購班級勾選的優質報紙，規劃早自習或課餘，進行讀報教育。
2. 需收集可供班級同學閱讀的報紙份數，並於報紙右上角，做好編號。
3. 座號一號的同學，先領取編號一號的報紙，每天接力式的傳報，進行閱讀。
4. 老師在進行讀報教育前，可於課堂，先畫出名言錦句、為新聞下標、三十字分享讀報書札等課程，以利同學靈活運用。
5. 可以利用班會，進行讀報分享。讓學生以辯論、讀書會等方式，對社會或教育相關議題，進行討論。

不只是募書到偏鄉

這次募書到偏鄉，我為每本書都找些不錯的推薦文、書訊，貼在每本書的第一頁中，讓收到書的師生能更快地、方便地使用它。

正當大家歡天喜地迎接聖誕節時，社群也開始發揮創意，要**把主題書櫃變身為「聖誕閱讀樹」**。

一百本好書，靠著再生資源，變裝成精緻、典雅的禮物時，我忍不住要為他們DIY的巧手和創意讚嘆了。我可以想像那一百位幸運讀者，打開這一百本精心設計的好書時，那份雀躍又驚喜的心情。

把書送到需要、喜歡的人手上

突然砰一聲，書架的書落到地板上了，接著，我聽到閱讀志工搔著頭說：「老師，不好意思啦！嚇到你了。我正在整理這些書啦！只是，這些書，我都看過了，內容真好看，但是不管搬到哪裡，都沒人借啦！感覺真可惜！」

「阿綢，這些書，為什麼好看卻都沒人借？」我好奇地問。

「這些都是童書、繪本，還有簡易、注音版的百科全書和圖畫書，國中生不可能借啦！看起來太淺了！」閱讀志工無奈地說。

我試著翻了幾本，書的封面，看起來新穎，沒有破損，內容也挺有趣的，只可惜它的類型與主題，真的不適合狂飆期的中學生。

「老師！如果……我是說如果，你願意把這些書送給國小，那些老師和小朋友應該會和我一樣，覺得很好看。這樣，這些書才不會放著沒用！」閱讀志工很認真地分享。

「哦！你說得很對，那我們來把書送給需要它、喜歡它的人。好的書，也應該找到適合的讀者，就像你說的，**如果能讓喜歡這本書的人打開它，好好地讀完，那才算發揮書最大的價值**。把這些好書放在這裡，即使整理、保護得很好，沒有人閱讀，這些書的光芒，也沒有人會發現！」我感同身受地回應。

「只是，你要送誰？如何送？說起來簡單，做起來，不知道會不會很麻煩？」閱讀志工提出疑惑。

「之前我們也有辦過類似的**小型募書送愛的活動**，迴響不錯！只可惜，沒有積極規劃成常態的閱讀活動。現在，我把它規劃成**節慶閱讀系列活動**，或許就能長長久久地辦下去。」我有些感慨，也自責地說。

偏鄉孩子最好的聖誕禮物

「『聖誕來募書，送愛到偏鄉』，這個活動標題如何？」

「理論我不懂，不過，需要人力做事情，我第一個報名。」

「我家的童書很多，孩子也大了，剛好可以捐出來做愛心。」

「我是沒有童書，但我可以做整書的工作。隨時都可以叫我，沒關係！」

看到大家都能共襄盛舉，讓我體會到書籍真的是送給偏鄉孩子最好的聖誕禮物。唯有透過各式各樣的方式，來讓孩子打開書，他們才有機會用知識和國際接軌，和大家對話。

「老師，圖書室辦募書活動，我來支持囉！我將家裡一年份的八卦雜誌都搬來了！」志工熱情地告訴我。

「是哦！謝謝你的好意！做愛心，你跑第一名哦！只是，國小應該不適合看八卦雜誌啦！看完，他們以後都變成狗仔，不好吧！」我委婉地拒絕了。

「你說的也有道理，只是雜誌很重，我都搬來圖書室放了，怎麼辦？」志工難掩失望。

「沒關係啦！我們可以響應環保運動，把這些雜誌送到資源回收區，讓紙張能再生、被利用，順便把回收的錢捐給仁愛基金做公益，也不錯呀！」

「你真的很聰明，八卦雜誌都可以變成錢，幫助別人，難怪你可以當老師，我就只能當志工。」志工調侃著我。

「其實圖書室有你的大力支持，閱讀的事業才能越做越大！當志工才是最神聖的工作，以後我想要和你一樣。尤其，你什麼好康都想送給圖書室，還千里迢迢把書送來，這一次，歹勢啦！是我比較失禮啦！」我不好意思地回應著。

「老師，我隨便說說的話，你不要放在心上，千萬不要胡亂想哦！」志工開始有些尷尬地道歉著。

「我才不會誤會你這種大好人呢！你願意和我一起推動閱讀，我真的很感恩。」我開朗地說。

「老師，多謝你，和你說話真投緣。我要多找一些人來圖書室幫忙！」志工有情有義地說。

偏鄉閱讀的三缺

因為閱讀推動，而有機會和閱讀志工閒聊工作上的甘苦，也澄清一些觀念，不僅拉近我和志工的感情，也讓我更知道**推閱讀，要用對方法，用對時機，甚至能透過他們，去說服身邊的人認識閱讀**，收到的效果會更大，發揮的效能也會更多，真的比我一個人自吹自擂、孤掌難鳴要好太多了。

以這次的募書送愛來說，志工告訴我，他們曾在偏鄉看到閱讀推廣很慘淡的景況，希望我們可以趁機，也解決一些偏鄉閱讀有三缺的困擾。

我對於三缺中，缺經費、缺推動人力，這兩項是可以理解的，但對缺讀者這件事感到些許的困惑。

志工很專業地告訴我：「因為沒有好書，就沒有讀者；因為沒有好的推動人員，就不可能有資源和讀者進圖書室。」

是呀！三者環環相扣，也多虧他們帶回現場可貴的實況分析，讓我能看到更多閱讀推動的全貌。所以，這次募書送愛到偏鄉，我盡所能地、仔細地檢核書籍的內容是不是適合偏鄉孩子閱讀，再為每本書都找些不錯的推薦文、書訊，貼在每本書的第一頁中，讓收到書的師生能更快地、方便地使用它。

甚至，也特意把書籍封面擦拭得更乾淨、修補得更完善。希望這次送書到偏鄉，不是吹噓自己的送書量有多驚人、多可觀，而是**讓拿到書的讀者，能體會到我們送書者與眾不同的巧思與別出心裁的用心**。

我的好朋友們來自不同職業，卻因為一起投入閱讀推動的工作，而了解閱讀的重要。如今，他們也和我一樣，隨時隨地都準備好要替閱讀發聲，那是一種只要大家肯給機會，我們就能拚命為閱讀發言的熱情。

在成為閱讀代言人的歷程中，我們變得更勇敢，也更有膽識了，我們不再害怕別人的吐槽，只擔心別人不願意和我們聊閱讀。

謝謝這群朋友，讓我開始喜歡這個城市因閱讀而升騰的暖暖人情，也開始感激因閱讀而願意承受更大壓力的親愛夥伴們。

如何進行「紙上寶石藏書票」活動？你可以這樣做：

1. 舉辦相關演講與增能研習：以演講或研習方式，邀請藏書票專家，替師生介紹藏書票的由來、用途，也可以提供油墨工具，供師生彩印。

2. 辦理全校藏書票創作比賽：規定主題（讀書、愛書、藏書）、尺寸（十二乘十五公分以內，以七至十公分為佳）、圖案（以國際規範版式、手繪手工、不能以電腦繪圖列印）、文字（Ex Libris、○○藏書、○○的書）、落款（作品空白處用鉛筆書寫印數、作者姓名、年代）、多款套色。

3. 辦理藏書票作品展：提供師生得獎作品一個展覽區，也讓藏書票愛好者，可以交流或分享。

安靜的課堂革命——早自習晨讀（上）

「不要看我，我無能為力。我不可能為閱讀，不幫學生複習、考試！」

「你現在沒當導師啦！不知道早自習有多重要，要考試、要訓話……不可能只有閱讀一件事啦！」

這些平時都很挺我的夥伴，竟然一個個說重話拒絕我。

「一早只不過考十個解釋，就考得零零落落的，真的快氣死了！」

「我只考十個英語單字，學生就有三分之一不及格，臉都被他們考黑了！」

「有的學生一早就睡眼惺忪、懶洋洋的趴在桌上，看到就心酸、難過呀！」

與全校老師為敵?!

聽到同事間相互吐苦水的模樣，讓我忍不住脫口而出：「一日之計在於晨，想不想來個安靜的課室革命？讓早自習回歸到與書共讀的晨光呀！用閱讀打破教室沉悶的考試氣氛，也不要讓學生一大早就被分數評價著自己的學習成果，讓我們和孩子都能在早晨靠著閱讀放輕鬆，讓文字成為我們學習的美味早餐，如何？」

當他們聽到這些話時，紛紛搖頭，拒絕我。

「你膽子也太大了，竟敢和全校老師為敵。你不讓大家用早自習考試，你還有其他時間給學生考試嗎？」

「不行啦！過不了家長那一關。真的，相信我！這次，為了你好，真的不能陪你推動晨讀了！」

「很多事情，我們都會支持。唯獨這件事，真的不要大膽推動。我怕你不只是鎩羽而歸，還有可能會讓閱讀在丹鳳推不下去！」

聽完他們的建言，我還是不死心地說：「沒這麼嚴重吧！只是讓老師和學生安靜閱讀十分鐘而已，在韓國、日本都推行得很成功耶！你們要不要試試啦？」

這時候，我的撒嬌攻勢不只沒用，還讓老師群起而圍攻。

「我，班上的小考都排不完了，常常還要利用下課考試呢！你說，我怎麼可能支持你？」

「不要看我，我無能為力。升學和閱讀都很重要，但不可能為閱讀，不幫學生複習、考試！」

「你現在沒當導師啦！不知道早自習有多重要，要考試、要訓話、要做很多班級事務的推動，不可能只有閱讀一件事啦！」

「你真的不要做螳臂擋車的事，以卵擊石，必死無疑！你別那麼想不開啦！」

這些平時都很挺我的夥伴，竟然一個個說重話拒絕我。

難道，我真的就要放棄晨讀十分鐘這件事嗎？在我的想像，當清晨的陽光從窗櫺下灑落，教室裡的氛圍，沒有喧囂的吵雜聲、煩悶的考試聲，老師用閱讀的美好來迎接學生的到來。

難道，這一次，我真的錯了嗎？難道，我該安分守己、按部就班地推動閱讀就好了？太躁進、太心急，會讓我陷入適得其反的危機嗎？還是，要識趣地以聽大家的話來當作台階，讓自己知難而退呢？

推動晨讀最大的阻力

「學姊，你下學期是我們班的國文老師，選一天早自習來考試吧！」男老師爽朗地說。

「學弟，你平常都看什麼書？」我心事重重地問。

「學姊，你怎麼推閱讀，推到答非所問。我數學系的耶！很少看書啦！比較常做研究，真的不太閱讀的！那學姊到底要選哪一天？」男老師回答我。

「學弟，我正在閱讀南美英博士的《晨讀10分鐘》，看著看著，心中好感動，所以，期待你能和我攜手用晨讀來進行安靜的課室改革。我可以請你挪用一節早自習，來讓我推動晨讀，而不要考試嗎？」我半乞求地說。

「我，我是OK啦！反正早自習的時間，本來就是學姊的考試時間。不過，學姊的想法，要不要先和家長溝通後再推動呢？我怕家長的反對聲浪，會造成學姊教學上的困擾哦！」男老師誠懇地建議。

「我願意用各式各樣的方式來說服他們。如果，他們願意接受晨讀，你願不願意加碼支持學姊一下？把考數學的早自習捐出來，讓我多推動一節晨讀？因為，**晨讀是一種習慣，一周一天太少了，至少要兩天，才看得到成效**。不過，我不會讓你失望的，**晨讀真的可以讓孩子變聰明、班級變得更有向心力、同儕間也更有話題、學生上課也會比較專心、老師也會變幸福**……好處很多耶！」我口沫橫飛地說。

「學姊說得很好聽，也很令我心動啦！不然，《晨讀10分鐘》這本書先借我帶回去看一下，如果，我也能認同這些理念，我會認真考慮讓出一節課，推動晨讀！雖然，這樣做有點冒險，但，如果對學生幫助很大，我會支持的。」男老師阿沙力地說。

「學弟，你去設想一個畫面：孩子們和你一起在教室裡，享受著閱讀的歡愉。你們閃閃發光的臉龐、精神抖擻的身影，變成一日初始，最美麗的學習的儀式，是不是很幸福呢？只要你點頭，師生晨讀的快樂，將取代分數羈絆你們的痛苦，何樂而不為？」我滔滔不絕地說。

「我答應學姊，真的會很認真地思考晨讀十分鐘這件事，不過，給我點時間，不要一直逼我啦！」學弟求饒地說。

「改變，雖然需要時間。但，現在不做，未來就更沒有動力想去完成了！」我有感而發。

「學姊，你連廣告詞都背出來激勵我了，我答應你！一定會認真、慎重地考慮。不過，你也需要花點時間準備，如何把家長的阻力解決掉，好嗎？」學弟說完，也把問題拋給我去思考了。

晨讀是孩子一天快樂學習的開始

是呀！**如何讓整班的家長，同意讓出兩節早自習，讓我進行晨讀活動，這真的考驗著我的智慧和態度**。

不過，為了能給孩子一日快樂學習的動力，晨讀推動是勢在必行的，而我是否能在這個班級成功推廣，就成了丹鳳校園是否有可能順利推行的指標。

過去，我也嘗試過許多新鮮、有創意的教學方式，卻常在升學壓力的禁錮下，不是被迫暫緩，就是變相地用搶時間的方式來進行。這一次，我不想再用搶的，想以光明正大的態度來實踐晨讀這堂課。

當晨光來臨，我期許師生人手一冊讀書的美夢能成真。

如何讓閱讀與影音結合？你可以這樣做：

1. 影音平台可做閱讀前的導讀：在學生尚未閱讀前，影音介紹可以讓閱讀者事先了解書訊，學生也可以反覆觀看，無受時空限制。
2. 影音可以協助讀者持續閱讀：可以搭配和書籍相關議題的影音，激發學生持續主題閱讀的動力。
3. 影音搭配閱讀可以展現閱讀的多元：時代改變了，閱讀也可以加入輔助的工具，讓閱讀的多元性與多樣性更豐富。

安靜的課堂革命——早自習晨讀（中）

「我會主動打電話給反對的家長，尋求他們支持的可能，或是，更積極一點，突破敵人的堡壘，現在就去做家訪！」我誇張地說。

「不會吧！搞那麼大！學姊先以電話溝通就可以啦！」建宏馬上踩煞車的說。

「學姊，《晨讀10分鐘》這本書看完了，書先還給你。原則上，我會支持這個活動，『晨讀會讓師生變得幸福』這句話，讓我想嘗試看看！」學弟走進辦公室，順便告訴我這個好消息。

「真的嗎？你沒騙我！真的可以一起做晨讀運動嗎？」掩不住的喜悅，讓我忍不住跳起來。

「只是，我的心裡其實還是有些忐忑不安，不過，有你在身邊幫忙，或許，真的可以讓教室變幸福這件事成真！」學弟以信任的口氣說著。

寫給家長的說帖

「謝謝你願意相信我！我已經把班級家長日要發給家長的說帖，還有支持的回條都完成了！你可以幫我看看說帖的內容是不是OK呢？」我邊拿出說帖邊回答他。

「學姊，真有你的，可以去開一家如何寫好一張傳單的補習班了！是一篇內容很文情並茂的說帖耶！**閱讀可以提升學習力**，很有說服力！**晨讀可以讓孩子變專心**，論點很討喜。還有，在晨光的柔波裡，讓每顆愛閱讀的心靈能以幸福的姿態，流進文字廣袤蔚藍的海洋裡優游著，這是多美好的教室呀！學姊以這樣抒情的句子畫上句點，果真是國文系出品的。」學弟誠心誠意地說著。

連老師也替我憂心、焦慮

只是，在說話的同時，他的面容仍夾帶著焦慮。

果然，接下來，學弟提出很中肯，也很實際的問題來：「學姊，我還是怕有少數家長會持反對意見，尤其是，那群成績特好的父母，很放不下成績的，很執著在某些分數迷思的，學姊應該知道他們的心結吧！」

「我了解，我會主動打電話給反對的家長，尋求他們支持的可能，或是，更積極一點，突破敵人的堡壘，現在就去做家訪！」我誇張地說。

「不會吧！搞那麼大！學姊先以電話溝通就可以啦！」學弟馬上踩煞車的說。

「你怕了！做大事的人，膽子就要大一點。這件事雖然前無古人，之後一定會有來者的。我們當先鋒部隊的人，不去冒險闖一闖、拚拚看，晨讀就不好玩了！」我繼續誇張地嚇他。

「學姊，我有誤入賊船的感覺耶！你還用什麼闖一闖、玩一玩的口氣，聽起來好可怕哦！不過，君子一言，駟馬難追啦！既然答應了你，我就全力以赴，做做看吧！反正，天塌下來，你會扛著嘛！」學弟詼諧地回應。

「你身高一百八十五公分耶！比我高那麼多，再怎麼說，應該是你會先扛起來吧！」我拍拍他的肩膀說。

「學姊，還沒開始做事，我們就開始內訌了起來，被別人看到，不好吧！」學弟邊說邊笑著。

「哈哈！你放心啦！我不會丟你一個人在教室晨讀的！至少，你還有我這個忠實粉絲，會陪你讀書！」我望向學弟的眼神有感激，也有讚許，要他做出這樣的決定，真的不容易。

把問題拋回去，讓孩子思索

那日放學鐘聲響起，孩子們正唉聲嘆氣地振筆疾書著。黑板抄滿了明日要攜帶的物品及密密麻麻的考試範圍。醞釀許久的晨讀計畫，或許可以趁這個好時機，和孩子們好好討論一下了。

我用十分討喜的口氣說：「哈囉！親愛的孩子們，明天早自習國文考試取消，請帶一本自己喜歡的書本來學校。」

學生以老師是不是吃錯藥的表情看著我，然後紛紛舉手問著。

「什麼書都可以嗎？」

「漫畫可以嗎？」

「笑話集可以嗎？」

「八卦雜誌可以嗎？」

「兩個人一起讀可以嗎？」

「我家沒有書，可以陪大家安靜，我不讀嗎？」

學生們開始開心地七嘴八舌地說著。我發現這個話題，引起他們的興趣了。

我不做任何價值判斷地說：「以上你們所說的書籍，可不可以帶來，應該先問問自己心中那把好書的尺吧！你們都覺得自己長大了，有權利決定許多事，那就從閱讀這件事開始決定吧！當自己的主人，帶一本好書來和大家PK一下，閱讀有時候是你個人品味的投射。」

我故意把問題拋回去給孩子去思索，不出我所料的，他們開始為帶什麼書能代表他高貴的氣質這件事開始煩惱，班上也陷入靜默的氣氛。

晨讀讓孩子成為更好的人

我打破沉默地說：「如果，你覺得國中只能看懂漫畫，沒辦法讀純文字書，那就帶來看吧！如果，你覺得參考書是值得推薦的經典好書，那也歡迎帶來！八卦雜誌的灑狗血、探人隱私的內容，你覺得看了不會心虛、難過，那我也只能說我尊重。但，身為老師的我，要認真反省。我在課堂上的身教和品德教育做得還不夠全面！只是，老師真的願意相信你們，你們都是有能力為自己閱讀把關的人，你們喜歡的書，相信大家也都會喜歡，也都是值得一讀再讀的經典。如果，家裡沒有書，圖書室所有的書，都可以讓大家無上限的借。圖書室沒有的好書，只要你想看，老師也願意自費買給你們看。如何？還有問題嗎？」

孩子聽完，面面相覷起來了，不在他們選項的答案，讓他們交頭接耳地竊竊私語了起來。

「老師，你為什麼要這樣做？早自習不考試，不會有壓力嗎？」

「你願意相信我們每一個人嗎？」

我點點頭，很感性地說：「我當然相信你們。你們都是值得被期待的孩子。所以，我不希望你們變成考試的機器，甚至想不起國中時代曾做過什麼有意義的事，**或許，我不能改變教育現場的升學壓力，至少給我一個機會，為你們點燃一些閱讀的火花，讓你們成為可以為自己努力，會思考問題，能解決困難，願意正面思考的孩子**。相信我，晨讀可以讓你們成為更好的人，也能讓班上擁有別人用錢買不到的回憶！真心感謝你們願意挺我，一起做這件事！」

說完這些話，我與孩子的眼神相遇了。孩子們用十分專注的眼神注視著我，看著我的眼神中有感動，那樣的氣氛差點令我哽咽得想哭了。

孩子身上背負多少沉重壓力？

幸好，幾個可愛的學生一溜煙地跑到講台來向我擊掌：「老師，我會帶很厲害的書來。挺你！」

「我的品味不錯，應該會帶愛因斯坦的相對論！」

「白賊！愛因斯坦是誰，你會認識哦！最好，你明天真的會帶來，也看得下去十分鐘！」

大家都笑了，班上開始歡騰的打鬧起來。有些學生邊走邊用讚的手勢和大家告別：「我會準備嚇死你們的書來！」

我知道，孩子們的開懷大笑，絕對不是因為他們早就愛上閱讀這件事，而是今日我們晨讀的宣言，讓他們有一個能逃離水深火熱教室氣氛的選擇。孩子的快樂，簡單到讓我慚愧不已。

此刻，我才真正的體會到：孩子身上到底背負著多少沉重的壓力？**我們只期待他們能從一次又一次的考試淬鍊下高人一等、出類拔萃，但人生的挫敗與成功絕不是**

在不斷競爭、比較的結果而已。

這些孩子的青春與夢想被考試與升學壓力延緩下來，我衷心期待晨讀可以改變他們對枯燥乏味的課堂想像，帶給他們更多學習的感動與幸福。

如何培養班級説書人？你可以這樣做：

1. 可以搭配章回小説課程，如〈王冕的少年時代〉、〈空城計〉等選文時一同辦理。

2. 請學生以五分鐘為限，準備不同的説書方式（個人單槍匹馬組、人多勢眾組），推薦一本值得中學生閱讀的好書。

3. 發表內容和方式請同學發揮創意，自由發揮。若能輔以海報或影音介紹，由評審酌以加分。

4. 等全部説書發表完後，全班同學採「不記名」方式投票，選出最佳説書人三名。

5. 只要參加説書活動，就有機會參加圖書禮券的抽獎（人人有獎），而推薦的好書也有機會能選購為班級圖書櫃的典藏好書！

安靜的課堂革命——早自習晨讀（下）

「為什麼要晨讀？不考試？考試百益無一害呀？還有，我的孩子也不是白老鼠，我不想讓他成為你晨讀的實驗品。」媽媽越說越激動了。

不過，明日要晨讀這個震撼彈，沒意外的話，還是會引起少數家長的焦慮。因此，我選擇主動打電話和他們溝通觀念，順便釋出最大的誠意和善意。只要他們願意支持，晨讀動起來應該不會是難事了。

主動打電話與家長溝通

「媽媽，請問你不願意支持晨讀的原因是什麼？可以和我分享一下嗎？」我鼓起勇氣問著。

「老師，我的孩子每天熬夜讀書，那麼辛苦，是為什麼？還不是希望他三年後能考上建中。如果早自習不安排小考，不只會剝奪孩子的考試機會，也讓他們不能透過考試，讓自己有熟能生巧的機會，而且考試也可以讓他修正自己的讀書計畫，為什麼要晨讀？不考試？考試百益無一害呀？還有，我的孩子也不是白老鼠，我不想讓他成為你晨讀的實驗品。」媽媽越說越激動了。

「媽媽，謝謝你的建議。真正的晨讀只會挪出十分鐘來讓孩子安靜的閱讀，**自學也是訓練孩子腦力發展的一種方式**。我們希望孩子一大早可以先從文字中找到學習的快樂，順便讓大腦活絡起來，這樣做是會變聰明的，這裡有科學研究的數據。另外，晨讀也會有助於孩子學習興趣和習慣的提升哦！這些話都有專家學者發表在各大媒體上，你可以google一下。」

「還有，媽媽你忍心一大早就先用分數來評價孩子嗎？換成是你，難道希望孩子一早就要承受這種心情的煎熬與起伏嗎？如果你願意，請給我一個機會，你的孩子不只不會變成白老鼠，還會更優秀、更頂尖。你知道嗎？韓國、日本已經在校園全面推動了。如果，晨讀運動不好，亞洲強國也不會一一跟進，我已經做好準備了，請給我和孩子一個快樂學習的機會，讓我們試試看……」我引經據典地說著。

「可是，早自習不考試，很嚴重耶！你會用什麼時間考試？」媽媽還是很擔心地問。

「課堂上，我已經教會學生利用心智繪圖的方式，輕鬆地把文字變成圖像密碼，可以加強他們記憶的深度與廣度。舉國文課來說，在課堂上，他們大概能記住七、八成的課文內容與重點了，剩下的就是廣泛閱讀文章，讓自己的閱讀速度變快，這點剛好是晨讀的好處。我希望陪伴孩子的一日之計是閱讀，而不是考試，你覺得呢？」我換個方式解釋著。

家長的最後通牒

「所以，晨讀會讓我的孩子成績變好？」媽媽有點開心地問。

「理論上，我可以說Yes，所以，我會用一個月的時間來證明，晨讀會讓孩子的成績變好、寫作力會逐漸提升、學生也會喜歡提問、喜歡上課……還有讓孩子的學習變得更容易！」我像背稿似地說出晨讀的好處。

「老師，我先相信你的專業，但是，我只給你一次月考的時間嘗試。還有，我要提醒你：如果孩子成績退步，或是有任何表現不好的地方出現，你要負全責！」媽媽還是下最後通牒地說。

「好！謝謝你願意相信我。相信我們的孩子各方面都會進步，而且會厲害到讓你刮目相看的，同時我也保證他會讀得很快樂哦！」我十分有把握地說。

那夜，家長的回話，讓我知道自己沒有失敗的條件，也沒有退路可走。或許是那份對閱讀堅強的信念鼓勵我：「相信自己和孩子，明晨你會發現：幸福圍繞著你，也包圍著孩子。做晨讀，自己也要有信心。晨讀一定會改變教室的學習習慣，孩子也絕對不會變成白老鼠！」

晨讀，學生迫不及待

隔天的早自習時間一到，我先讓學生在悠揚的音樂聲中把早餐享用完，肚子吃飽了，就換腦子要飽滿囉！

我偷偷地向老師和孩子預告著待會兒的時間會是多麼「Special」：「建宏老師還有同學們，請將你們帶來的書籍放置桌面上，接下來的十分鐘，我們將與作者進行無聲的對話，盡情享受走進一本書的快樂……」

話還沒說完，已有學生迫不及待地拿起書本閱讀。有的學生偷瞄了老師和同學的書本封面後，也靜默地跟著同學進入「晨讀十分鐘」的時光。

第一次感受到孩子期待又雀躍的心情呼之欲出，閃爍著光彩的眼神多麼明亮。此刻，我明白了**一個老師改變教室，翻轉學習的力量有多大**。

老師和學生此起彼落的的翻書聲，竟深深地感動了站在現場觀察的我，師生共讀的安靜課堂，才是孩子真正的學習方式呀！沒想到，七一八班的師生真的辦到了！明天，我也要陪他們一起來晨讀。

當鐘聲噹噹響起，提醒著他們：「活動該畫上句點了吧！」有些好動的孩子起身了，卻望見身邊的同學正讀得興味盎然，貼心的他們只好躡手躡腳地走出教室，或許他們也怕打擾還沉浸在閱讀時光的同學。

同時，我也觀察到其他班級的同學一走過教室走廊，就會不自覺地把眼光駐足到師生閱讀的身影上，他們大概很好奇：這個班的師生到底在做些什麼？那份與眾不同的幸福心情，從零到無限大。

最後，也只能輕聲要求孩子們先暫停閱讀這件事，要他們走到走廊舒活筋骨，準備迎接下堂課程的來臨。

老師，我可以天天都晨讀嗎？

沒想到孩子們開始走到我身邊，陸續聚攏到我身邊來分享：

「老師，我以為我看不到兩分鐘就會睡著，沒想到，我可以撐十分鐘以上……」

「你還要撐，應該是選的書不好看吧！我的書好看到，我想一直看、一直看！」

「這是我第一次覺得早自習給我好舒服的感覺。看書，其實不討厭耶！」

「今天我找的這本書不太好看。明天我帶更好看的來，一定會更專心！」

「你所謂好看的書，是哪一種？該不會是漫畫吧！」

「什麼啦！我的品味很厲害，別小看人，是，是，《哈利波特》！」

「拜託，那是我國小看的書，下次拿點國中生看的書來PK吧！」

「我還以為晨讀會很無聊，沒想到大家一起看，那種感覺是……書變好看了！」

聽完孩子們天寬地闊地聊起這十分鐘，有多令他感覺深刻；有多令他進入一種忘我的feeling；有多希望這十分鐘能再無限延長的心情後，我也開心地說：「晨讀是不是有一種魔力，讓你們覺得閱讀的時光變得很快速，內心也因為這十分鐘而感到欣喜呢？期待閱讀變成你們生活的一部分，學習許多事物就會變得更easy了！」

「老師，我可以爭取天天都有晨讀十分鐘的活動嗎？」

「我不貪心，只要再多爭取一天，我就心滿意足了！」

「老師，不然從十分鐘再延長成二十分鐘？」

「老師，我想預約你平常看的書，你可以借我嗎？」

孩子開始討價還價時，我反而故意調侃他們：「好呀！你們應該是想逃避考試，才會那麼積極地要我為你們多搶幾節早自習做晨讀吧！要我做壞人，我才不要呢！」

孩子心急地反駁我說：「老師，你誤會我們了，我們都有聽話，上課盡量專心，挪出時間給老師考試，哪裡有逃避考試！晨讀根本不會耽誤我們考試或讀書的時間呀！」

七一八班孩子的晨讀奇蹟

孩子呀！老師當然知道你們是真心喜歡這個活動，也看到你們的改變，你們的努力，讓所有人看到晨讀在你們身上出現的奇蹟。

尤其日後，許多老師開始喜歡和我分享七一八班孩子的改變。這班上的**學生很喜歡提問，對學習新知也很積極，尤其喜歡和老師分享課本中的內容。還有，他們班上的學習氣氛很有活力、也很快樂**。

的確，晨讀不是白紙黑字的政令宣導，也不是論功行賞的手段，它讓**孩子每天有十分鐘能從閱讀中發現生命的疑惑，也能從中找尋到解決問題的方法，最重要的是，願意和他人分享與對話**。

記得月考前一周，他們被迫停止晨讀活動時，他們用自己的行動來為班級晨讀發聲。

孩子希望透過更好的成績表現，讓晨讀運動能持續地在班上進行，這樣的行為讓我知道，晨讀已成為他們生活的一部分，也成為他們的人生信仰了。

晨讀活動對我而言，不只是一場冒險的旅行，也是一場成長之旅。

晨讀讓孩子能掙脫從早就要面對的考試束縛，也漸漸為自己鬆綁些許的升學壓力。未來，他們也能透過晨讀，讓自己成為有勇氣、有夢想、願意追尋知識的人。

晨讀讓孩子的生命不再浪費在背誦詰屈聱牙的文字上，或是面對著分數無時無刻的考評，而對學習心灰意冷、無感無動。他們讓我看到善用這十分鐘，孩子讓自己的學習更輕鬆、更幸福了！

如何推動晨讀？你可以這樣做：

1. 師生一起來：晨讀要從上到下。這十分鐘，每個人都要安靜地閱讀。（老師千萬不要分心觀察孩子的一舉一動或說話，打擾孩子。）

2. 每天不間斷：晨讀的精神是養成習慣，每天利用孩子專注力最大的十分鐘做晨讀，就是最好的推動方式。（如果，每天很難推動或執行，建議每周至少進行兩天以上。）

3. 從自己喜歡的書開始：老師要學著讓孩子自己選書，攜帶自己有興趣的書籍來閱讀，才不會引起學生的排斥感。（老師可以在進行前，先和孩子聊過他想帶來的書籍，適時地提供他們選擇一本好書的條件和方法，也可以善用圖書館藏書來協助學生選書。）

4. 只要讀就好了：請老師不要讓孩子再填寫學習單，或變相成閱讀測驗的形式。讓孩子從沒有壓力閱讀的開始，比較容易養成閱讀習慣。

閱讀讓中輟的孩子，重回校園（上）

「老師，今天陳〇〇請假，沒來！」
「老師，張〇〇也請假，沒來！」
「老師，王〇〇也請假，沒來！」
這堂六個人的閱讀課，竟然缺席了一半。

老師彎腰道謝

「怡慧，可以和你聊聊嗎？」玲冠手拿著一疊課表，有些焦慮地走進了辦公室。

「學姊難得大駕光臨，有需要我服務的地方嗎？」我調皮地問著，想紓解她的緊張情緒。

「我知道你整天像個忙碌的陀螺轉呀轉的，但是有個不情之請，想向你開口，可以嗎？」學姊的眼神雖閃爍著期待的光芒，口氣卻有些忐忑。

「只要我做得到，學姊就盡量吩咐吧！只要不要叫我跳火圈、吞劍之類的雜耍表演，我都能使命必達！」我有些調皮地說。

「謝謝啦！我是真心拜託你能幫忙這些曾經中輟的孩子。透過閱讀課，多少讀點書，讓他們眼睛能再度亮起來。」玲冠語帶堅定地說。

「學姊，放心吧！讓孩子的眼睛亮起來，是我們大家的責任。我感受到你對這些孩子的付出與熱情，也明白你對我的信任與期待。這件事，我當仁不讓。只是在設計課程時，需要知道孩子的學習背景，再請你提供囉！」我也認真地回應這份真切的請託。

學姊默默地點著頭，把課程計畫書放在我的桌上後，站起來，向我鞠了個九十度的躬。

那彎腰的姿勢是為中途班孩子道謝的身影吧！也是學姊對孩子的一份寄盼與請託吧！

我的心頭一緊，眼睛開始有些模糊了：「每個老師都是當了老師以後，才了解對學生的情分有多深，也體認到老師存在的價值有多重要。」是學姊放在桌上的這張空白課程計畫書，讓我有機會變成更好的人，也讓孩子有機會改變自己，成為比我更好的人。

我在心裡告訴自己：「**讓孩子在學習遇到瓶頸時，在生命遇到挫折時，還是能回到閱讀的世界，找到真正的答案和溫暖，這是我的閱讀課最重要的設計主軸**

了。」

第一堂課，學生只來一半?!

所謂知己知彼，百戰百勝。先了解這些孩子的學習背景、交友狀況、興趣嗜好後，我決定以「尋寶遊戲」的方式來進行我的閱讀課，而且也交叉比對地幫他們做分組、做課程海報與學習單。只是沒想到……

「老師，今天陳○○請假，沒來！」

「老師，張○○也請假，沒來！」

「老師，王○○也請假，沒來！」

這堂六個人的閱讀課，竟然缺席了一半。

我內心不禁吶喊：「尋寶遊戲人數如此稀少，如何激烈、有趣地進行下去呀？」

不過，我還是先按捺住脾氣，不動聲色地探問：「你們知道他們請假的真正原因是？」

「老師要聽真話，還是假話？」一位小女生頗有霸氣地問。

「先聽假話，再聽真話，脆弱的心，比較不會太受傷！」我顧影自憐地說。

「老師哦！假話是他們都生病了，請假一堂課。真話是我們就是不喜歡讀書，才會蹺課。你還開什麼一堂有趣的閱讀課，那種課程名稱真的好low哦！我們怎麼會有興趣啦！」小女生像法師在開示信徒般地說著。

「那，你們三個為什麼會出現？」我好奇地問。

「我們分組請假！這周是他們，下周是我們。輪流休息！」小女孩實話實說。

「我承認，課程名稱真的有點遜。我以為，你們在乎的是課程好不好玩，有沒有收穫，老師是不是能帶給你們學習的快樂，原來課程的名稱也很重要。謝謝你們幫老師上了一堂命名行銷的課。」我用稱兄道弟的口吻說著。

「尋寶遊戲」閱讀課

「老師，免客氣啦！你就盡量上吧！既然來了，我們不會跑的！」小女孩有氣沒力地說。

「好，請先和我黑白配。兩人一組準備PK，贏的人可以帶走雞排券兩張。輸的人，要玩真心話大冒險的遊戲。」

我把獎品從包包拿出來，也把真心話大冒險的籤筒拿出來。

「ㄟ，真心話大冒險的題目是什麼？我可以偷看嗎？」小女孩突然精神一振地問。

「不行，還沒玩就認輸，怎麼可以？拿出你的鬥志來！」我學起電視主持人的口吻說話，孩子都呵呵地笑了起來。

「老師，你有點耍寶耶！和外表看起來，很不一樣！」小女孩卸下心房，和我攀談了起來。

「知人知面不知心，搞不好，我是大野狼！嗚嗚！」

孩子都被我逗笑了，幽默感真的是初次見面的交友妙方。

「現在，請打開尋寶地圖的提示：先算出五月天〈知足〉這首歌的總字數，再去牆上查出中國圖書分類法中的分類號。」當我從箱子拿出這個閱讀指令後，學生開始唱起〈知足〉這首歌，也開始拚命算歌詞到底有幾個字。

「Ya！二二四！我查到了。可是我不會看這個怪圖表！」小男生衝到牆邊大喊。

「你可以求救，選命運或機會！」我故弄玄虛地說。

「命運是同學替你解答；機會是老師替你解答！請選擇……」我又拿出造型可愛的箱子，要他好好選擇。

「老師，我想選你，可以不要抽嗎？」小男孩苦苦哀求。

「老師，不要答應，讓我也有機會贏！」小女生激動地叫著。

孩子開始和我熟絡了起來。從遊戲中，開始認識專業的圖書分類，也從尋寶關卡中發現圖書館有些書還滿好看的。

尤其和我同組的孩子，他的臉色從剛開始的無奈、倒楣轉為開朗展顏，連說話也變得友善：「沒想到，閱讀尋寶課滿有趣的。和老師同一組，而不是抽到籤王。

那些沒來的人虧大了，哈哈！」

約定下一堂閱讀課

「下一次，獨樂樂不如眾樂樂，你們可以一起來參加『論語百萬小學堂』，替我撐個人場，熱鬧、熱鬧嗎？」我試著在上課氣氛正好時，邀約他們。

「哦！論語，我真的不行啦！」

「下一次，有尋寶、有雞排，我再參加！」

「老師，休息是為了走更長遠的路。下次，我可能要補眠！」孩子紛紛找藉口拒絕我。

「是不是課程名稱又取得不好了？但，相信我，論語闖關遊戲很好玩！」我誇下海口。

孩子似乎被今天的課感染到些微的樂趣，拒絕的意念有些動搖了。

一位小男孩想套話地問：「『論語百萬小學堂』是怎樣的課程？」

「就是賽前會先發十則論語給你們參考，我會發給你們出處、主旨、釋義的小抄解答。比賽時，再抽號碼，小抄不能帶，會給你三次求救，用搶答的方式……答對，就繼續闖關，先連成一線就賓果了，馬上得到一張雞排券！心動了吧！」我又開始老王賣瓜，自賣自誇了起來。

孩子聽到雞排，眼睛又亮了一下：「老師，我們三個先相信你一次，論語小學堂不要讓我們睡著了！也不要讓我們白來！下周我們輪休……」孩子有點戲謔地說，但是掛在臉頰上的笑容十分燦爛。

孩子們，你們的聲音，我聽見了，你們的期待，我會努力達成的。請期待下一次上課鐘聲響起吧！

如何撰寫「閱讀筆記」？你可以這樣做：

1. 書籍基本資料：書籍的名稱、出版時間、出版社、得獎紀錄等。
2. 書籍內容：依照個人閱讀習慣，做重點摘錄或名言、錦句抄錄。
3. 作者資料：作品風格、文學地位、創作年表、相關講座或作品展等。
4. 延伸書目：與主題內容、作者作品或寫作風格相關的書籍都可以納入。
5. 閱讀回應：感想、批判、討論、書評、作者賞評等。

閱讀讓中輟的孩子，重回校園（下）

「比賽開始！□人行，必有我師？」我從最簡單的開始問起。

一個孩子飛跑到我面前來搶答，因衝力太大，狠狠地撞上了我。結果我這把老骨頭也因站不穩，猛然跌坐在地上。

我的第二堂閱讀課，學生終於全員到齊，但，孩子的學習態度明顯分成兩派。其中三個，或許，上過閱讀尋寶課，也吃過雞排的香嫩美味，眼神開始有了光彩。另外三個，還是一副春天正好眠的睡眼惺忪。

「用心良苦」的分組

「同學們，現在我們來分組！」

我刻意把個性好勝的學生，分派在不同組別，讓競賽的煙硝味能帶動他們求勝、學習的欲望。

「請大家發揮團隊合作的精神，『論語必勝寶典』只能用在求救，不能用在擂台闖關賽！遊戲規則請參照大海報，闖關順序可以自由調配。」

聽完我的說明後，兩組的隊長開始討論各自的教戰守策，其中一個最積極的孩子開始要他們背誦〈益者三友〉：「好朋友有三種，又直、又亮、又多聞！」

「不是啦！是友直、友諒、友多聞！」上次尋寶得第一的學生急著解釋。

「是搶答，音對就好，不要太計較啦！」組員提出疑義來吐槽他。

「背了就背對呀！何必亂背，浪費時間！」有小孩支持隊長的意見，也加入勸說行列。

聽著聽著，我突然領悟一個很重要的道理：「**沒有人願意被貼上負面標籤，也沒有人願意在學習的世界自我放逐。是不是我們用錯了方法，讓孩子放棄學習的動力？其實，每個人對學習都有想像與期待的。**」

學生太投入搶答……

「比賽開始！□人行，必有我師？」我從最簡單的開始問起。

一個孩子飛跑到我面前來搶答，因衝力太大而煞不了車，狠狠地撞上了我。結果是，我這把老骨頭也因站不穩，而猛然跌坐在地上。

這個景象來得太突然，也把孩子們嚇著了。

我忍著屁股的痛，虛弱地說：「快把裁判扶起來，比賽才能重新開始，快！我很痛啦！」孩子聽完，全部趨向前來，七手八腳地想扶拉我，卻也因此重心不穩，全都跌撞成一團。

不知為什麼，這種很窘的情況，卻惹得我們都傻笑了。

那笑聲中有一種和解的同理，有一種同舟共濟的感激。這一個跌撞，把我們的距離都拉近了。

沒有一個孩子不能閱讀

那堂論語小學堂活動進行得很順利，孩子好像用一種千里馬的心情來回應我的閱讀課：「子曰：□□□□，鮮矣仁。請搶答！」

「巧言令色！」孩子們陸續搶答，個個把答案念得又大聲又正確。

他們出人意表的優異表現讓我明白了：「**原來，沒有一個孩子不能閱讀，只是他們一直沒有學會打開書的能力**，而我直至今日，才有這份深切的感悟。」

鐘聲響了，孩子們的眼神給我一種依依不捨的感覺，讓我也有些掛念地說：「孩子們，真不想結束耶！今天上課開心嗎？有收穫嗎？下堂課，我們要上『play書，不累』！期待你們繼續全員到齊哦！」

「老師，『繼續』兩個字，你念得好大聲哦！耳膜都快爆破了。這種提醒，很故意哦！」孩子拍拍我的肩，真的把我當朋友似的豪氣地說。

「這次課堂名稱『play書，不累』，取得還不錯，老師有進步哦！就像孔老先生說得：『孺子可教也』！」孩子也淘氣地現學現賣。

「其實進步最多的是你們吧！還用至聖先師的名言誇我，你們才真的是孺子可教哦！」我用他們的調調回答著。

親手做閱讀手工書

噹噹噹，第三堂的閱讀課來臨了。我發現孩子竟然超級準時在位置上安靜地等著我。

尤其看到他們很認真地學習著一步驟、一步驟地剪裁、黏貼手作書，那種莫名的成就感和感動交雜在一起的心情，讓我也開始眉飛色舞了起來。

只是，孩子突然很不解風情地說：「老師，你的手很不靈巧耶！你的手工書，頁面黏得很不整齊。你看我的邊邊角角，都黏得超漂亮，一點瑕疵都沒有！」

「真的耶！黏得好天衣無縫。告訴你們一個小祕密：我是為了你們，才惡補手工書的。從小，我的美術成績總是殿後，為了讓你們能擁有人生第一本閱讀手工書，硬著頭皮，現學現賣，獻醜了，請多包容啦！」我有感而發地說。

「老師，你的成績會殿後，真的？假的？」孩子有些不可思議。

「**沒有一個人是十全十美的，每個人都有他的天賦呀！**怎麼可能十八般武藝，樣樣俱全。**只要做好自己擅長的事，賞識自己，堅持努力地做下去。未來，還是可以很傑出的哦！**」我很認真地分享自己的生活感觸。

孩子們的神情開始有了變化，黏貼手工書的速度也變快了，有些還會互相幫忙，提醒黏貼的訣竅，這一幕幕，讓我發現閱讀課堂裡的小確幸正在瀰漫著。

「你們知道嗎？play的中文可以翻譯成『不累』，只要我們有好奇心，用好玩的心情去面對生活，即使是枯燥的事情，也會變得有趣哦！就像看起來可能會很無聊的閱讀課，只要我們用心去進行，是不是也挺好玩的？」我捉住機會，再和他們做心靈的對話。

孩子們默默地、用力地點著頭。

他們認真實作的模樣，像閃閃發光的可愛天使，既迷人，又讓人陶醉在這樣的氣氛中。

再沒孩子缺上閱讀課

「老師，你的第四堂課叫做什麼？」孩子在下課前突然打斷了我思緒。

「老菜新吃：經典重讀！」我故意文謅謅地說。

「什麼？老菜新吃，經常中毒？你不用把課程名稱誇張到這種地步吧！我們說好了，以後會一起來上課了啦！別擔心！」學生很有義氣地說。

「不是啦！因為手工書完成後，我們可以來進行經典重讀、校園文字寫真、話中有畫等課程……你會發現閱讀其實是很好玩的課程。」我又開始滔滔不絕。

「OK！停，停，停下來！老師你的台詞真的很老派。你可以學著說：『好膽你就來！』這一類比較霹靂的說法吧！」

孩子開始拚命幫我想課程名稱，像極了我的閱讀課程代言人。

「哦！了解。那以後的課程名稱，就麻煩大家動動腦了。謝謝你們！這幾張雞排券，就當成謝禮！」我邊說邊拿兌換券。

「老師，不用了！我們不是為了雞排才來的！」小男孩有義氣地說。

「可是，我超想吃雞排的！」有個小男孩哀號地說。

「好啦！綜合大家的意見，雞排券發完就不再發了。你們應該也體悟到學習是自己的事，師父領進門囉！學習……」

當我這句話還沒說完，他們馬上說出「靠個人」的台詞。這麼有默契的孩子們，總讓我的心，籠罩在暖暖的溫度中。

這六個孩子以整學期全勤的學習態度告訴我：「**師者，永遠要為孩子開一扇學習之門，即使偶爾空等，即使有時錯過，孩子永遠值得我們為他的學習，守著那片陽光。**」

同時，我也謝謝孩子，為每堂閱讀課創造N種快樂的可能，讓我直至今日，還是能感受到冷冷三月天中，孩子笑著學習的那份溫燦，以及他們眼中閃爍著學習亮光的神情，好動人。

如何製作「閱讀手作書」？你可以這樣做：

1. 事前材料準備：兩片長二十六公分、寬八公分的灰紙板、一片A4大小灰紙板、B4粉彩紙一張、A4丹迪紙一張、A5丹迪紙八張、彩色緞帶兩條、雙面膠一捲。

2. 事前工具準備：剪刀一把、單孔打洞機、銅釦。

3. 製作步驟：

（1）先把三片灰紙板四周各貼上長形單面雙面膠。

（2）三塊灰紙板，平均黏貼在B4包裝紙上，三塊灰板中間間距需隔一公分。

（3）黏貼好後，再於灰板四周黏上雙面膠，再將包裝紙的四個角往內摺黏，貼好雙面膠。

（4）包裝紙四個邊，再往內摺黏、貼上雙面膠。

（5）A4丹迪紙四邊黏上雙面膠後，再與書殼內側結黏，以手指壓出書溝痕跡。

（6）內頁短邊黏貼七張雙面膠，八張內頁，以燕尾夾整齊固定後黏合。

（7）封面門板打孔，再以銅釦裝飾圓孔。

（8）內頁整疊浮貼書殼內，繫上緞帶，並手繪封面後完成。

體育班孩子，成為全國小論文寫作常勝軍

孩子不客氣地回我：「老師，你以為你上的是資優班嗎？我們是體育班。什麼叫體育班？就是學科是副科，體育才是主科……」氣急攻心的我，拍了案頭，發出巨響……

體育班孩子的閱讀奇蹟

你們聽過體育班孩子成為全國小論文寫作的常勝軍嗎？

你看過**體育班的孩子在博客來三魚網發表超過一百二十篇的好書推薦文**嗎？

在還沒有成為他們國文老師之前，我也不相信這些閱讀奇蹟會發生在這個班級。

只是，初次見面時，我和他們的關係並不融洽：「班上二十六人，放眼望去不是三天一大睡，就是每天一小睡，個個在睡海中沉淪著，學習態度很差強人意。」

雖然，我能體恤他們體能訓練的辛苦、移地訓練的奔波，但還是免不了會為他

們慣性地打盹、夢周公而氣呼呼：「孔老夫子如果站在這裡，一定會拿夏楚打醒你們的；杜甫在烽火三月天逃亡，你們卻在課桌椅上神遊，真的很不給力耶！我就不相信在我的調教下，你們和文學無緣，和寫作脫節。」

常常在說完這些話後，孩子還狀況外地問你：「老師，你不懂啦！春天想睡覺，處處聞鼾叫，操場玩樂聲，我心都飛掉！」學生調皮地說著。

聽完這無厘頭的說詞，不只好氣，也好笑，但內心深處卻也不自覺地升起夸父追日的癡心妄想：不知哪一天，我能巧手改造他們，成為愛讀書的謙謙君子。

為了要幫他們變身，我仔細觀察過他們的生活作息。晨光未亮，這群孩子們就在操場相互競逐、訓練體能，汗水濡濕了他們的運動衫，孩子卻樂在其中，不以為苦，可是要他們在安靜的課室中努力學習，積極汲取新知，卻常常惹得自己敗興而歸。

激勵孩子，參加博客來投稿比賽

那天，恰好看見班級讀書會比賽辦法放在講桌上，我興沖沖地說：「孩子們，我們來參加這個比賽吧！只要全班投稿篇數，衝破全校第一名，就可以獲得博客來網路書店飲料和點心的獎勵，另外，個人投稿數超過五篇，還送你精緻的勳章哦！」

全班鴉雀無聲，一副有聽沒有懂的模樣，有的同學還自顧自地趴下來睡覺。

或許是他們這種漠不關心的態度惹毛了我，我動了肝火地說：「如果連自己都放棄學習了，神仙來教也是枉然。那麼輕易就向比賽認輸，真的是練體育的運動家嗎？」

孩子也被我的情緒挑動了，不客氣地回我：「老師，你以為你上的是資優班嗎？我們是體育班。什麼叫體育班？就是學科是副科，體育才是主科……」

氣急攻心的我，拍了案頭，發出巨響：「**學習是不能貼標籤的，如果你認為讀書是別人可以輕易做到的事，你們為什麼連試一試的勇氣都沒有？我不能接受你們不戰而敗的思維，也不能苟同你們負面解讀體育班不會讀書這件事！**」

「身為體育班的老師，我也有過尊榮的驕傲感。幻想過你們，**不只能在運動場上發光發熱，也能用這種不認輸的精神來面對課堂學習。很多知識要學了，才能用來幫助別人；**很多機會要把握了，才能嘗到成功的滋味。」

說完這些話後，我有種不被了解的孤單感，眼淚忍不住流下來。

老師淚水潰堤

「老師，你願意相信我們，你願意教我們讀書嗎？願意重新讓我們認識國文？即使我們程度很差，也不會放棄我們吧？」一位練壘球的女生站起來了。

孩子的疑問，孩子的恐懼，是我未曾了解過的世界。

或許，體育班這個標籤，早已讓他們學習的心千瘡百孔了，而我不只不能同理這份膽怯與自卑，還這樣無知地在孩子的傷口上撒鹽，我到底怎麼會變成這樣的老師？

「對不起，老師太心急了。但是，我很願意陪你們到文字的世界裡散散步，也很希望陪你們認識課本外的知識，一起尋找感動的故事……」

我話沒說完，女孩衝到講台抱住了我：「老師，對不起，是我們不夠相信你，我知道你一直在等我們回來，回來和你一起學習。」

孩子的話，讓我的淚水潰堤了。

即使，閱讀對孩子來說，是遙不可及的星光，我也要把星星給摘回來，因為，我欠他們個一承諾，一份相信他們會回到課室的真心。

孩子寫博客來的推薦文，效益無限

我開始把握一周僅有的四堂國文課，也在每堂下課前五分鐘，開始介紹他們一些和運動相關的書籍，這群孩子突然開竅似地展開好書大家讀的PK賽。

除了鼓勵他們多讀書外，我也意外發現**三魚網可以讓孩子的好書推薦文被同好按讚。這種同儕相互鼓勵，作品大量曝光的方式，或許能大大提升他們的閱讀動**

機。

「想不想把推薦文po出來，讓大家按讚呀？」

當我這樣問時，孩子不只搖頭，還直呼：「不可能……誰會看我們的文章？體育班耶！」

「有信心一點，三魚網會讓更多人認識你們的作品哦！要記得你們與眾不同，不只愛運動，也愛閱讀。」

當我用自然的口氣誇著他們時，孩子的嘴角開始有些上揚，眼神開始閃爍著光彩。

「下堂課，帶你們到電腦教室，認識三魚網好書推薦平台，好不好？它是一個提供全國中學生閱讀的網站，不僅內容多采多姿，還可以文會友，認識更多愛閱讀、愛分享好書的同好。」我試探地問著。

「老師，那個平台的使用會不會很難？我是電腦白痴耶！」孩子怯生生地說。

「一點都不難，只要成為三魚網的會員，就能與大家分享最近值得推薦的好書。順便用自己擅長的文字風格，書寫約三百五十字以上的推薦文。願不願意試一試？真的超簡單哦！」

我認真又誠懇地說著，孩子含蓄地用點頭來告訴我：「我們願意。」

那天，在電腦教室教他們註冊帳號、po文技巧時，才發現沒有一個孩子打混摸魚，更沒有人無所事事，有的是此起彼落的驚嘆和喜悅的歡呼聲響，不斷在我耳邊響起。

「老師，我的文章已經po到平台了！Ya！」

「老師，可以幫我按過關嗎？」

「老師，你覺得我寫的內容有幾顆星的評價？」

「老師，我的文字表達優美、流暢嗎？可以有五顆星嗎？」

孩子詢問時那熱切的神情，興奮的口吻，彷彿把對內心那份對閱讀的熱情也喚醒了。

孩子開始重視自己在平台上的表現，舉凡閱讀書類、書寫內容，都斤斤計較，甚至，願意挑戰自己的閱讀能力，試著翻閱深度、長度都比平日更奇奧深廣的書籍，來提升閱讀品味與平台的讀者分享、較量。

當我在夜深人靜時，獨自閱讀這些推薦文，例如有一位孩子寫：「布芮尼．布朗讓我知道原來脆弱也是一種力量，脆弱也是讓自己向上提升的動力……嚴長壽原來只有高中畢業，就能成為台灣飯店之父，努力跨越生命的藩籬，就能窺見更美麗的風景……」我常常被這些真性情的內容感動到眼眶濕潤、心情激越。

讀著孩子們嘔心瀝血的作品，細細咀嚼文字背後的故事，我開始走進他們的世界。

跌破眾人眼鏡的榮耀

這學期，體育班的孩子竟然打敗丹鳳所有的班級，以突破一百二十篇的總投稿量，榮獲全國班級同樂會的榮耀。

當他們看到一箱箱的餅乾和飲料送達班上時，還一副不敢置信地愣在原地，殊不知，他們早已在身上別上一枚閱讀星光的徽章，讓身為老師的我深深以他們為榮。

最近，他們還獲得了全國小論文寫作的佳作，在閱讀寫作的表現，也有異軍突起的趨勢。

這群孩子真的靠著閱讀，讓許多人跌破眼鏡了。

體育班的孩子們靠著閱讀，翻轉了自己的課室學習，讓閱讀星光IN體育班，成為丹鳳閱讀故事的傳奇班級。

學會付出——將閱讀的美好，帶到偏鄉

「我想回家了，好冷！」孩子說。

「都來了，還說回家！」營隊幹部說。

「一個都不能少，才是『愛讀社』的精神呀！」營隊長說話了。

一百年的仲夏，一通入選電話，讓我們走向閱讀偏鄉服務隊，這趟意外又美麗的旅程。丹鳳能獲選為第一屆誠品文化藝術基金會合作的五大高中職的消息，讓社群老師不僅雀躍，也開心。只是，這趟未知的旅程沒有人經歷過，心中難免有些忐忑與不安。

激起學生海選鬥志

開學後，圖書館如火如荼地舉辦愛讀社社員的甄選活動。在競爭激烈的海選活動中，孩子必須在徵選前填好報名表、面談單、才藝表演加分題等準備工作。

嚴格的重重把關，並沒有會嚇走孩子的熱忱，反而激起學生海選的鬥志，我看見孩子勢在必得的決心。

「我很會哄小孩開心，選我、選我！」

「我成績很好，當營隊老師很適合，選我、選我！」

「老師，我很平凡，但是我很能吃苦耐勞……」

第一屆的愛讀社經歷了百人海選活動後，選入了四十位認同閱讀最樂、服務最美的孩子。

計畫永遠趕不上變化

人到位了；資源到位了，看似準備好了，要在寒假精銳盡出，大展身手了……

只是，計畫好像永遠都趕不上變化……

「老師，假日的研習課程，我可能要請假！我要去補習。」

「老師，媽媽不准我寒假出隊，怕我去偏鄉危險！」

幾個孩子在理想和現實相扞格時，開始游移，彷彿想逃回到熟悉的舒適圈裡。

因此，我找了幾個孩子，希望透過觀念的溝通，留住他們服務的熱情：

「機會只有一次，想不想再試試看自己的能耐能做到哪裡？」

「相信自己，撐一下就會有豁然開朗的感覺，你會有一夕長大的感動！」

「你願意把所學轉化成幫助別人的力量嗎？服務隊可以實現你的夢想。」

所幸，在溝通之後，孩子們又找到前進的勇氣。

「怡慧老師，選定了合作的國中了嗎？」立中老師問。

「大家覺得貢寮國中如何？我發現這是一所乘著夢想飛行的學校……而且，他們對於閱讀服務隊駐校的營隊，表現出很有合作的意願哦！」我把這幾天連絡合作學校的結果與他分享。

「今年我們負責的島嶼寫作課程是鄭愁予大師，貢寮國中依山傍海的地理位置應該很適合合作新詩課程！而且鄭愁予小小的島的詩作，也是國中學生已熟讀過的教材了……」立中老師附議地說。

「那麼，我們就敲定和貢寮國中的合作案囉！未來偏鄉服務課程的推動與場勘，再多辦理社群會議，逐步討論相關合作細節！」翠屏老師熱情地說著。

一波三折

場勘當日，雨絲斜斜落落地飄落，讓人有些擔心與煩悶：這次場勘到底要不要改期？

「風雨無阻啦！拚了。不然，也沒有共同空堂可以再一起出門了！」政儒老師果決地說著。

「好！出發！」大家異口同聲地喊著。

那一天，一到貢寮國中，李主任就熱情地分享許多關於貢寮傳奇的故事，讓我們心中對課程地圖的想像也開始清晰了起來。

「李主任，這期間，丹鳳五十位師生可以住在哪裡？」立中老師詢問著。

「附近有間香客大樓，應該可以免費提供給丹鳳的師生住宿。如果，看過環境覺得OK，我們會幫忙丹鳳的師生租借場地。只是，香客大樓的住宿品質不會太舒適，梳洗也比較克難一些……」主任誠懇地回答著。

「沒關係，我們是來服務的，不是來觀光享受的。只要能在晚上借給我們歇息、洗澡，就好了！」我也把此行的目的告訴貢寮團隊。

場佈期間，孩子除了要忍受氣候冷寒、飄雨刺骨的磨難，還得要挑戰經典大師詩作，如何能讓偏鄉的孩子理解，甚至成為可以使用的能力。孩子開始感受到營隊開幕前的壓力，臉色開始變得越來越凝重，氣氛也開始有些微妙的轉變：

「我想回家了，好冷！」孩子說。

「都來了，還說回家！」營隊幹部說。

「一個都不能少，才是愛讀社的精神呀！」營隊長說話了。

孩子似乎沒離開過溫暖的家，開始產生想家的情緒。雪上加霜的是晚間十點多，熱水器電路突然損壞了，一些學生被困在洗澡間不知所措。

「水都是冷的，怎麼洗？」女孩說。

「熱水器好像壞了，先擦乾淨出來再說……」另一個女孩說。

老師們開始分組合作，協助孩子移師到貢寮國中的教師宿舍清洗。

有些孩子一聽到洗澡要移動到五百公尺外的學校宿舍，瀟灑一點地乾脆不洗了。幾個多愁善感的孩子卻不能洗澡而心情受到影響，顯得悶悶不樂的。

學會再往前一躍的勇氣

看到這樣，幾個老師紛紛把孩子叫來鼓勵著：「老師知道你們累了，也知道這裡環境不如可愛的家，但是，我們只差一步就能挑戰自己的極限，完成一件很有意義的事情，老師需要你留下來一起努力，可以嗎？」

「老師，我們只是害怕，我們好像沒辦法……」孩子忍不住哭了，雖然心疼著他們離開舒適安全環境的恐懼，卻也希望他們能有勇氣再往前一躍。

那一躍，他們會變得更有自信、更有能耐去面對生活的挫折，他們也會更了解愛與服務的真諦。

「老師，我們會再試試，我們……」一種感動的情緒，讓師生抱在一起打氣。

隔天，孩子們的朝氣蓬勃，讓我放下一顆牽掛的心。

「老師，有學生走過來了！我好緊張！」女孩臉紅紅地說著。

「老師，我有準備見面禮，哪個時間給他們比較好？」男孩抓著我問著。

「老師，學生看到名牌，應該知道我是小隊輔吧！」女孩有點擔心地說。

看到孩子們的蓄勢待發，我知道他們正在成長、蛻變著。

哪怕生病，也不退出

不過雨越下越大了，下午的闖關活動可能必須放棄到遠望坑作課程的想望了，孩子難掩落寞的情緒，卻又故作堅強地啟動雨天備案。

隔日，幾個課程股與活動股的孩子，在氣候不佳和睡眠不足的壓力下，開始發生頭昏嘔吐或發燒腹痛的情況。在與孩子和家長幾度的溝通後，還是尊重孩子堅持先到附近看診後，繼續回營隊服務的渴望。

一種想同進退的苦撐心意，期待一起完成團進團出的初衷，讓大家不禁紅了眼眶。

不過，動靜兼具、創意無限的精彩成果發表會，還是讓在場所有老師們都拍紅手心，他們不禁驚呼：「這是他們平時認識的孩子們嗎？」

「XX，你可以用英語朗讀鄭愁予老師的作品哦！好厲害哦！」貢寮的老師驚訝地問著。

「是營隊的隊輔姊姊鼓勵我的，昨晚她都沒睡在幫我改稿子，寫拼音！我當然要全力以赴……」小男孩靦腆地說。

「XX，你會唱歌跳舞哦！你不是最討厭音樂課……」貢寮的老師又問著。

「為了小組成發得第一，我一定要這樣犧牲小我，完成小組使命……」孩子堅定地說。

成果發表的會場，學員卯足全力，不管詩歌朗誦、詩歌戲場、新詩拼貼都展現出完美的成果。

台下此起彼落的尖叫聲與掌聲迴盪在耳際，震撼了我以及在場所有人的心扉。只是，天下沒有不散的筵席，當學員寫完烏龜卡後，這次營隊的最後一個活動也快畫上句點了。

「你們什麼時候會再回來看我們？」

「我們寫信給你們，你們會回嗎？」

「我們可以從貢寮坐火車去看你們嗎？」

這些問題讓十六、七歲的大孩子們聽了也感傷起來，開始淚眼迷濛了。

「再怎麼難過，也要快點回家，天黑了……」忍著淚水的小隊輔堅強地提醒著。

「我們一定會再回來看你們的……珍重再見！」幾個活動股的孩子大聲地喊著。

能身歷其境，和夥伴們一起走過半年服務學習的日子，我何其幸福！

如何書寫營隊海選企畫書？你可以這樣做：

1. 訂定偏鄉服務隊徵選目的：擔任丹鳳高中偏鄉服務隊課程股、活動股、隊輔股、企宣股、生活股、攝影股等營隊幹部。

2. 明確的甄選資格：有能力擔任三天兩夜偏鄉服務的任務，輔以舉止大方、儀態端莊、活潑開朗、學習態度積極、服務最樂等人格特質者，方可報名甄選。若具有特殊多元才能（如：語文能力、音樂、舞蹈、表演藝術等）者更佳。

3. 兩階段徵選方式：

（1）第一階段書面審查：填妥附照片的書面甄選報名表。若甄選人數超過二十人，由遴選小組再定海選時間，進行第二階段遴選。

（2）第二階段口試與才藝表演：現場口試官進行甄選面談，甄選學生若有才藝表演者，可酌以加總分一至五分。

別開生面的蛋糕（丹高）傳情

「老師，我沒有錢買蛋糕，可以換成什麼方法，表達我的心意？」女孩憂愁地說。

離開校園十多年了，還是會常常想起大學時代，紅樓學子最引頸企盼的西瓜節。

每一顆不同顏色的瓜類都暗示著送禮者的心意與情意，而收到五顏六色瓜類的人，不只有期待與驚喜摻雜的情緒，也從猜測的忐忑到明白彼此的關係，或許是只能做朋友，或許是可以往友達以上、戀人未滿的階段努力，抑或許是能攜手走向紅毯那一端的伴侶。

每每和同事們聊到西瓜節發生的趣事謬聞，大家都有各自的故事，可以天寬地闊地說著。

「你知道嗎？我收到的是苦瓜！」男同事幽幽地說。

「所以是苦苦的愛戀囉！」女同事戲謔地說。

「不是，是得到好人卡一張，無緣的愛！」男同事無奈地說。

「我也很慘！送過十多顆紅西瓜，都被退回！」另一個男同事哀怨地說。

「送西瓜是愛人階段耶！你有那麼多……」女同事誇張地問。

「我是搞不清楚送紅西瓜的意義，除了變成送紅西瓜的冤大頭，又惹人誤會，糗大了！」男同事求饒地說。

從西瓜節到丹高文藝季

本以為笑話說完，這個趣談又會鎖進回憶箱篋裡收藏了，沒想到，國文科的夥伴們——薏雙、炘樺們，卻把西瓜節的活動發想，透過優質化高中的計畫，包裝成國文科的丹高文藝季課程。

為何會稱蛋糕文藝季呢？是因為孩子都稱自己的學校為丹高。丹高念久了就念成蛋糕了，學生們也很喜歡這個美麗的聯想，感覺上丹鳳高中變成一所很精緻、很幸福、很甜美的校園，彷彿蛋糕給人的印象一樣。

蛋糕文藝季是在每年三月中旬到四月下旬推出的系列活動，**除了經典蛋糕試吃票選、蛋糕物語、蛋糕傳情卡外，也搭配校園閱讀活動，進行藝文推廣**。

有老師笑說我們很有心機地故意安排在師大西瓜節前舉辦，好像是故意和母校PK，殊不知，這是一種想和母校一起共襄盛舉卻偷跑的調皮心情。

熱絡的為傳情蛋糕命名

蛋糕傳情文宣一推出，意外讓校園颳起一陣蛋糕文藝風。

幾個文學氣息濃厚的女孩，自告奮勇地為學校十款傳情蛋糕命名。頗具巧思的蛋糕物語，讓自詡為文青的我望塵莫及。例如，養樂多慕斯的傳情密語是「祝你快樂多多」；青蘋果慕斯代表「和我共度青澀歲月的知己」；紐約起司竟然是「雖然常被你氣個半死，但你還是我的好麻吉」；藍莓起司更積極地發揮打氣的效果，它代表著「來！沒關係，我們一起努力！吃藍莓一起cheers」。

而我收到最多的蛋糕是「雪莓娘」，代表著「雖然你不是我娘，但感謝你常像我娘一樣照顧我」。而紅豆大福不管落在誰的桌上，就會引起一陣「哇」的尖叫聲，因為它隱含著，「你是最讓我相思的好友」。

這些孩子的創意讓老師們彷彿回到大學時代，感染著一份天真的爛漫，一份青春的想像，校園因蛋糕文藝季而瀰漫在人人有愛、蛋糕傳情的氛圍中。

只是，孩子們偶爾還是會有少年維特的煩惱……

「老師，我最喜歡的那款草莓蛋糕，竟然中箭落馬，真的很無言耶！」

「老師，我的小卡可以不署名嗎?因為默默付出的愛最美！」

「老師，我要送的人很多，可是零用錢很少耶！你可以贊助一下嗎？」

「老師，一片蛋糕四十元，買三片，可以打折成一百元嗎？」

孩子在活動中，開始去思考哪些人曾在他們的生命中付出過愛與關懷，哪些人可以用蛋糕來為彼此受傷的情誼來個破冰的儀式，還有，哪些人可以用蛋糕物語來傳達自己的謝意與敬意。

親手做蛋糕的心意

暖暖的四月天，桌上擺著傳情蛋糕的師生，彷彿也擁抱著一份柔軟、甜蜜的心意。只是，沒辦法買蛋糕傳情的孩子，開始有了些許的煩悶……

「老師，我沒有錢買蛋糕，可以換成什麼方法，表達我的心意？」國中部的女孩憂愁地說。

「或許可以商請老師來教我們做蛋糕如何？自己做的，更有誠意哦！」一邊說，腦海浮現很會做蛋糕的那位烘焙坊的學姊，或許她可以幫孩子一些忙。

「真的嗎？老師真的願意教我們做蛋糕？」女孩開心地問。

「我去詢問看看甜點大師的下落，或許會帶給你好消息！」看到女孩滿懷期待，快樂離開的模樣，我也加快詢問的腳步，希望能讓女孩如願以償。

「學姊，你願意找時間教我和孩子做蛋糕嗎？你做的幾款甜點，不僅美味、精巧，也十分健康、衛生……是我吃過世界第一等的蛋糕哦！」我很誠懇地問。

「手作蛋糕呀！我的學校最近辦蛋糕傳情活動，有的孩子沒有那麼多錢，可以參加代訂蛋糕的活動，可以請你教大家做蛋糕嗎？一定比代訂蛋糕更有誠意……」

當我喜孜孜地說完，學姊卻面有難色。

「我開的烘焙廚房，最多只能容納六個人。如果想讓更多學生受惠，場地會是個問題哦！」學姊提出自己的困難點。

「我可以先向學校申請家政教室，那裡應該可以容納四十人，如果場地OK，學姊可以來幫忙上課嗎？」我輕聲細語地說，還不時向學姊撒嬌。

「好啦！就說認識你沒好事，果然……」學姊表面上裝得很嚴肅，但我知道她愛學生如己的心情，也是那樣美好與熱情的。

感謝學校很快地提供出免費的場地和設備，來讓我們辦理手作蛋糕的活動。

克服人生中的困難

看見學姊和二十多位參與手作蛋糕課程的學生，在連續三天的夜間，在短短幾小時內，就做出三款簡單，卻心意滿滿的蛋糕，真是太令人驚訝了！

「原來，做蛋糕一點都不難！我很有天分耶！」

「穿起烘焙服，感覺自己很像吳寶春師傅，帥呀！」

「原來，想要吃得健康，可以改用低脂奶油，熱量少很多！」

「你的蛋糕烤出來好漂亮哦！拜託，我們來換一下成品啦！」

國中時期的孩子在實作過程中，體會到做一個小小的蛋糕，過程卻是個大大的學問呀！

最後，我看見孩子在做完蛋糕後，心滿意足地寫下祝福小卡時。我超羨慕能收到這份蛋糕的幸運兒，因為手作的心意充滿幸福。

好吃又不甜膩的泡芙，讓收到的師生以為學校又推出新一款產品來傳情了；大理石起司色香味俱全，讓收到的人愛不釋手；簡單的海綿蛋糕，味道純粹，卻有豐富的奶香味，滿足了挑剔的味蕾。孩子們的手藝真的不輸給大蛋糕店的師傅，只要有心，手作蛋糕一樣能傳遞我們的感謝與祝福。

我也從蛋糕傳情的活動中，學習到很多事剛開始做，總是滿路荊棘、困難顛簸。但只要能發揮創意和耐心，一件件克服後，又是海闊天空的開朗暢快。

生命好像是一個驛站行旅到下一個驛站，我們在驛站中，總能看到不同的風景與人情，生命是如此，閱讀亦是如此。

如何進行「蛋糕傳情」？你可以這樣做：

1. 推選各年級的蛋糕傳情大使：蛋糕傳情大使需做年級蛋糕傳單發放與活動宣導。

2. 製作宣導蛋糕傳情海報：記載活動辦法、活動時間、傳情方式。

(1)活動辦法：你想要將蛋糕傳給心中想感謝的人，或者把深藏多時的祕密告訴他，千萬別錯過這千載難逢的好機會，無論是學長姊傳學弟妹、同學傳老師、麻吉傳死黨。有以上需求的，請洽各年級傳情大使！

(2)傳情方式：Step1：選定蛋糕口味。Step2：填寫訂購單，向傳情大使領取傳情小卡，並填寫完畢（可匿名）。Step3：找傳情大使繳交訂購單、付款，並交傳情小卡（大使有保密義務）。Step4：傳情大使會將小卡貼於指定的公布欄。

3. 蛋糕甜蜜蜜，卡片暖你心：蛋糕傳情日，所有的小卡都會張貼在公告欄上，發放蛋糕日收件者，可至公布欄，領取傳情小卡。

移動的閱讀——走讀課程，觸摸在地人事物

「老師，天氣真的很好耶！可以到校園最美的那棵櫻花樹下去上課嗎？」

孩子看著窗外的陽光，忍不住要求了起來。

移動的教室

「今天課程是袁宏道的〈晚遊六橋待月記〉，內容是欣賞西湖桃紅柳綠的春景。我們也換個地方，進行校園一景的閱讀寫作課程吧！」

一點點小小的奢望，竟被老師允許了；一些些想逃離教室的叛逆，竟被老師認同了。孩子們齊聲地歡呼了，與我交會的眼神也變得柔和、快樂多了。

趁著春暖花開，能移動教室到陽光滿地的課室外，或許能翻轉我們的視野與心境，讓彼此上課的心情更愉快自在，更多元豐富。

「老師，我開始有天人合一的感覺。」男孩張開雙臂，像蒼鷹似的炯炯有神。

「平常你都打瞌睡，現在竟心思清明，像個哲學家！」我故意調侃地說。

「老師自己也是呀！平常都撲克臉，現在還不是一直笑，花枝招展著呢！」男孩加強語氣地說。

「你太誇張了吧！別亂用詞彙，什麼花枝招展……應該說我和顏悅色、慈眉善目吧！」

當我說完話後，孩子們彷彿敞開了心胸，創作的靈感好像一下子都灌注到孩子的腦海中。我看見他們奮力地塗塗寫寫，像個小文青。

「走讀」形式的閱讀

這次愉快的教學經驗，心中盈滿師生共賞天光雲彩、共享繆思橫溢的激動，讓我不禁開始思索讓「翻滾吧！閱讀」落實在暑期營隊課程與活動的可能性。

「暑假的營隊可以往走讀形式來進行嗎？也就是移動教室的概念，把教室搬到外面去。大家有沒有好的點子？」我忍不住在營隊籌備會議，拋出了這個議題。

「去綠島浮潛、去花蓮賞鯨、去墾丁觀星……」夥伴們開始天馬行空地把避暑勝地紛紛說出，還仔細描繪碧海藍天的浪漫與輕鬆，有多令人嚮往著。

「這些地方都很好，可是我們的課程發想，應該聚焦在如何與立足在地、接軌國際做聯想？」我有點突兀地打斷大家的春秋美夢。

「這問題很嚴肅！讓人從天堂掉進地獄了……」仲慶開玩笑地說。

「好啦！我們是故意扯遠了。只是，幻想一下嘛！生活苦悶……」岳璋老師開玩笑的說。

「最好啦！每個禮拜都po文吃喝玩樂，還悶？」政儒老師也幽默地回著。

「謝謝大家的笑話解悶。言歸正傳，是不是可以從在地的生態、文化、歷史、文學的部分做發想？再用『翻轉吧！閱讀』的課程概念來設計：用腳走出對土地的感情；用心感受母土的豐富，用筆寫出對家鄉的想像與愛……不知道大家覺得如何？」我以老學究的口吻說了起來。

「怡慧只要專業附身後，話就會說得很難懂，臉色就變得很冷！現在下雪了嗎？」木財老師半開玩笑地說。

「等一下發暖暖包給大家，算我補償大家陷入冰天雪地的心意！」我自嘲地說。大家被我逗笑後，也同理我的心情，趕緊進行課程的發想與討論。

「我最喜歡吃了，新莊捷運美食小三通的介紹，我來！」

「我滿關注樂生療養院的問題，我負責小論文寫作的發想。」

「我做過新莊歷史溯源課程，再加以編撰，應該有活潑的闖關遊戲可做……」

「我可以規劃新莊老街的走讀路線，有吃、有玩、有收穫的……」

看著他們認真投入的模樣，讓我知道能一直在閱讀的世界這樣堅持著，就是遇見他們，一群能同甘共苦、相互調侃、彼此紓壓的好朋友呀！

新莊走讀課程

新莊走讀課程的前三天，營隊老師為學員進行六堂和新莊老街、歷史文物、景點走讀課程的增能。

走讀當日，將以老街和傳承八十年在地製鼓好手藝的响仁和鐘鼓廠，進行參訪合作與踩踏。

剛下過雨的午後，為新莊老街洗去熾熱的街容，清涼的氣息在走讀地景中襲來，幾個孩子在挑水巷前停下腳步。

「以前的人都那麼瘦嗎？這麼小的路，可以一邊走、一邊挑水！」孩子驚呼。

「沒錯，目前只能一人獨走的古道，是當年新莊人挑運圳渠溪水販賣的主要巷道。」導覽的老師用大聲公做老街導覽。

別有洞天的小巷弄風光，今昔相比，繁華褪去，我和孩子也感染了歲月遠去的滄桑與淒涼，邊走邊沉思，一時間，氣氛有些靜默。

「快跟上，這裡是當年匯聚最多戲班、戲團的戲館巷，當年很熱鬧哦！尤其是小西園布袋戲班，一開演就人聲鼎沸、萬頭攢動呢！」我忍不住和學生分享。

「老師，你說得好生動，是曾經住在這裡，還是和掌中戲師傅是麻吉呀？不會是自己想像的？還是亂掰的……」學生一邊發問，一邊和我開玩笑。

「老師是從一些文學作品和地方志的敘述中，得知這些老街的故事。你只要靜下心來，是不是可以聽到開演時鑼鼓喧天、繁榮熱鬧的聲音呢？戲館巷是半世紀前先民打發夜晚時光最好的娛樂與消遣。」

聽我說完，孩子們走在戲館巷中，有人若有所思地望向遠方，有人撫摸那斑駁的牆面，有人蹲在那倒斜的矮牆邊拍拍看看，而我獨自走到街頭，遙看站在街角的孩子，猜想蹙眉的他，到底是感嘆滄海桑田、人事已非呢？還是掩面的對時光留不住而感到哀愁？

寧願賠錢，也要做出世界第一的手工鼓

走讀活動的最後一站，是在地的响仁和鐘鼓廠。

年輕的第三代老闆，分享台灣製鼓業的興衰，更信誓旦旦地說出「寧願賠錢，也要做出世界第一等的手工鼓」的豪語。

孩子用點頭如搗蒜告訴老闆，自己知道响仁和成功的原因，以及追求極致的在地精神是什麼了。

最後，老闆還來段即興節目，打了一段鼓藝節最夯的曲目，讓學生們欣賞。年輕老闆也希望有一天，在地的孩子們願意一起承襲在地的好鼓藝，讓更多人能聽見新莊在地鼓音響徹雲霄的美聲。

「老闆，我可以試一試打鼓的感覺嗎？」孩子鼓起勇氣說。

「你現在打的是數十萬的手工鼓哦!?」老闆把鼓槌交給孩子後，親切地說。

「真的可以打嗎？我怕弄壞它！」孩子有些膽怯地說。

「新莊手工鼓用了好幾十年，也不會壞啦！如果你打得壞，那就證明你打得不是响仁和的手工鼓哦！」老闆很有信心地和孩子分享。

學生聽完，很有秩序地一排排站好，只想一償打打手工鼓的心願。

當孩子們按照他們喜歡的旋律與動作，咚咚咚的打著，我的心也跟著咚咚的跳著。我的靈魂好像晃進了四十年前的新莊老街，聽著這美妙鼓聲，漫天巨響著。

讓孩子真實觸摸生活的土地

走讀營籌劃的期程長達半年，課程的規劃，需要很多老師的共同創作與發想。此刻，能讓忙亂的腳步停下來，慢慢走著，靜靜地感受新莊老街的人情小故事，是許多人努力的成果。

當我們從新莊老街的地景走來，彷彿也歷經行旅時光隧道的景物與感動。這個下午，我們實現了「翻滾吧！閱讀」的想像，能**讓孩子摸摸身邊的土地溫度，讓心裝進對母土的認識與熱愛，同時也顛覆閱讀只能在課室中的印象**。

當閱讀翻越課室之後，滾動出我們與土地的感情，不再局限在時空的藩籬。這條街連綴著先民與我們的情感，也敲響走讀的鼓音，讓我們在走讀的旅圖拼貼中，看見新莊的過去、現在與未來。

如何籌劃「主題營隊」？你可以這樣做：

1. 明確的組織分工：需有行政組、課程組、活動組、生活組、企宣組、隊輔組、場器組等。
2. 成立教師課程社群：針對主題營隊課程，列出營隊靜態課程設計節數；活動課程節數。
3. 營隊行前規劃：相關課程材料書籍的採買、場地的租借、參訪團體的洽詢、交通工具、保險、營手冊的製作等，皆需在前三天完成並確認。
4. 營隊包裝：融入課程主軸，呈現營隊特色。例如「少年I DO的創意之旅」、「閱讀背包客」等營隊包裝。
5. 開幕式的籌備重點：開幕式是營隊生活的起點，以榮譽、紀律、責任來凝聚營隊共識，順便介紹與營隊相關的規定與人員。
6. 成果發表會的籌備重點：成果發表會的展演則是營隊成功與否的重點。如何讓學員在短短三至五天的營隊生活中，從課程學習後，能人人在靜態、動態課程中都有發表的機會，順便檢核學員的學習成果及課程設計的成效。

雲端閱讀——錄製四十部教學影片

「可是，我資訊教育能力沒有很好耶！我可以製作出那麼多教學影音嗎？」我有些膽怯。

「你那個無所不能的閱讀團隊應該會有意願的。改變孩子的人生靠你們了……」雋蔚熱血地向我喊話。

「怡慧，看看這段影片，超厲害的……」在高中同學會聚餐時，好友雋蔚用手機秀出這段影片。

「這是誰？把數學上得那麼有趣……你們公司的產品廣告嗎？」我忍不住驚呼。

「**Salman Khan**，用科技翻轉教育。你是老師，應該要認識一下這位大師的。」雋蔚說完，也把這本可汗學院相關的書籍給我。

「可是，我資訊教育能力沒有很好耶！我可以製作出那麼多教學影音嗎？」我有些膽怯。

「你那個無所不能的閱讀團隊應該會有意願的。改變孩子的人生靠你們了……」雋蔚熱血地向我喊話。

原來，面對未知的資訊閱讀，我還是會裹足不前；我還是會猶豫擔心，只是，科技的引進，的確可以讓教育更活化，讓更多人享受到更均等的教育資源。

可是，我要用什麼來說服團隊呢？我先來身先士卒。

錄製讓孩子可以重複觀看的教學影片

「各位同學，今天老師上課請了一個攝影師來拍影片哦！大家拍手歡迎一下……」我故作可愛地說。

「可以不要嗎？我不想上鏡頭。」孩子無情地拒絕我。

「那鏡頭只對準老師，不要拍到大家，如何？」我又討價還價。

「老師，你又想做什麼？你鬼點子很多耶！」孩子繼續委婉拒絕。

「你不覺得每一次的改變，都讓你們更喜歡學習嗎？記得櫻花樹下，落英繽紛……」我試著喚起他們之前移動學習的美好經驗。

「老師又開始催眠我們，讓大家自我感覺良好了……」孩子心軟地動搖了，笑笑著讓我進行這項教學實驗。

接著，孩子帶著狐疑又好奇的心態，聚精會神地盯著我上課，那種肅穆的氣氛也差點讓我緊張了起來，不過，我還是故作鎮定地誇著他們：「有鏡頭的課堂，你們變得比平常還要認真、專心哦！」

「我們是怕你偷拍我們的帥臉，所以，才不敢回頭，哈哈！」孩子逗趣地說。

「倒是老師，你面對鏡頭，緊張到一堂課說了二十六次『就是呀』……這個口頭禪要改，不然要剪片……很辛苦！」孩子吐槽地說。

「老師，你剛才口氣超級抑揚頓挫，而且，還會細心地強調重點，是不是表現得太over了！」孩子又誇張地說。

孩子一面調侃著我的缺點，也一面好奇我到底想做什麼。

「沒什麼啦！想當丹鳳高中的可汗女教師啦！」我輕鬆地說。

「可汗是什麼東西啦！一個頭銜嗎？你去參加什麼教師組選美嗎？有沒有獎金？」孩子聽不懂，搔著頭問。

「沒有啦！只是想記錄自己的教學歷程，順便一魚多吃啦！我會剪接不錯的上課片段，加上後製音效、美工，再轉成影音檔，讓你們考前可以複習、觀看！」我有點畫大餅地說。

「還有，你們可以隨選隨播，喜歡的人，想看我上課幾次，就可以點選幾次！不好嗎？影片大放送耶！」我又加碼地說。

「那何時能看到老師隨選隨播的影片……」學生有點期待地問。

「快則兩周，慢則一個月……」

說完這些大話，我自己也滿心虛的。

一天二十四小時不夠用

我那三腳貓的資媒剪接功力，真的能讓學生看到如可汗學院那種高品質，又生動有趣的教學影片嗎？我真的能做得出來嗎？也能帶領團隊老師，從紙本閱讀出發到漫步雲端閱讀的跨界歷程嗎？

連著好多天晚上，一吃完晚飯，我就躲進書房，剪接影片、打字幕、聽逐字稿。意外發現自己教學的盲點，看著影片，自己也體會到「學，然後知不足；教，然後知困」，也因為製作雲端閱讀課程，讓我修正自己的教學法，也順便把繪聲繪影的影音剪輯功能摸得一清二楚，從中倒也學出樂趣來，如何串接影片與照片，如何搭配逐字稿與音效等，只是做中學的成品進度猶如龜速，讓我也心急了起來。

好幾天幾乎徹夜未眠趕工影片，讓我開始感受到一天二十四小時不夠用的焦慮。但，每一次，危機彷彿又預言著，堅持下去，就會有另一個奇蹟的發生。

政儒老師大力協助

那天，我帶著倦容和黑眼圈，在走廊不小心撞到了政儒老師。

「怡慧，太離譜了，人長那麼大，走路還會撞到人哦！沒睡飽嗎？」政儒學長開玩笑地說。

「學長，我最近一直在做雲端課程影片，受到可汗教室有牆，教育無牆的理念感召……我發揮了所有的教育熱情，目前卻才剪出兩分多鐘的成品……」我有點氣餒地說。

「聽起來滿有趣的耶！剪輯影片是我的專長哦！平常也會幫家人、同事做幾段生日影片留念，需要幫忙嗎？」

聽完學長的自告奮勇之詞，我真的有喜從天降、天降甘霖的感激。

「只是，可汗是誰？你的好朋友嗎？要不要叫他一起來做……」政儒有點狀況外地回答。

「如果，我請得到Salman Khan這位世界級教育大師，我就是台灣之光了啦！這是讓你在家就能免費享受世界頂尖教育的可汗學院的教學影片，可以拿回去參考。」我很真誠地回答。

「OK，我會全力以赴的……相信只要能做出雲端課程單元，一定會有更多人加入這個雲端閱讀的大家庭。」學長很有信心地向我承諾。

從此，我就專心在雲端課程規劃與簡報學習單的編撰，其他影音後製，都請學長費心鑽研，因此，雲端課程的進行意外地順利。短短一個月，就完成五個單元。

帶起每個孩子，一個也不能少

「各位夥伴，今天想和大家分享兩部影片，一個是Salman Khan用十分鐘就掌握學習的奇蹟，一個是小妹野人獻曝的雲端課程分享……」

看完兩段影片，老師開始分享。

「哇！很不錯耶！可汗學院的概念，很適合做十二年國教差異化教學，而且透過社群來分科錄製課程，也會變成E起閱讀在雲端的特色之一。」

同事的提議，讓我們也成功地透過新北市高中旗艦計畫的申辦，順利爭取到各科課程錄製的一期的軟、硬體經費。

「各位夥伴，雲端課程的經費通過囉！要不要來組各跨學科的雲端課程，讓學生可以透過雲端課程，讓閱讀各學科能師生E起零距離？」

「我OK！」

「我也OK！」

「我勉強OK！」

「我是被迫OK！」

同事們總是這樣可愛熱誠且幽默、詼諧，總是願意為教育付出自己的創意與時間，一起來改變自己的教學法，一起在教育愛的光熱下，奉獻自己的所學所能。也謝謝願意加入雲端社群的熱情老師，美惠、怡菁、慧萱、明鴻、鈺棠、庭芳、政儒，大家分別協助，製作數學科、生物科、化學科、物理科的課程，讓校園雲端課程更多元而豐富了。

在三個多月密集地開會、分享課程，也積極與輔大合作跨校雲端平台的增能研習，我們開始朝「一人一帳密，雲遊學海零距離」的概念，逐步去勾勒出校本的課程地圖——

「精英拔尖學生適用超前學習類，點選名師最便利、」、「一般學生適用重點整合類，課後學習最輕鬆、」、「學習落後的孩子適用專科加強類，隨選即播最彈性。」

在「帶起每個孩子，一個也不能少」的理念下，團隊老師合作產出四十部將生活能力融入課程單元的雲端教學影片，落實全方位協助每個學生學習的想法。

雲端課程融合科技與翻轉兩種元素，讓孩子即使在離開課室後，也與全球的孩子共享豐厚的教育資源，學習永遠不落後。

如何錄製「雲端課程」？你可以這樣做：

1. 錄製前的小組溝通：錄製小組與課程老師須進行多次教學影音內容呈現方式的討論。

(1) 教師教學影音檔，須配合教學簡報、字幕、動畫等。

(2) 只出現教學簡報檔，須配合字幕、動畫等。

(3) 師生互動檔，須配合教師教學、教學簡報、字幕、動畫等。

2. 在教材錄製技巧：可以兩人一組，一人教學、一人錄製及後製的合作模式進行。需架設三台攝影機：一台捕捉教師上課實景、一台錄製簡報檔或影音教學檔、一台固定錄製學生全景或近景。

3. 人工剪輯技巧：可與教學老師討論，影片製作要呈現的後製片段，哪些畫面要加音效、動畫、單元概說等。

4. 每學期需進行各科錄製進度表：每學科製作錄製單元前，需先討論學期錄製內容與課程計畫做搭配。

5. 辦理成果發表會：進行校內成果發表會，也可進行區域策略聯盟學校聯合發表會。

點燃孩子內心的熱情——閱讀、電影、爆米花

「《海角七號》耶，是最近最紅的《海角七號》耶！阿嘉……」孩子開始驚呼著。

孩子一邊看著影片，一邊在詩作中找連結。

「雨落在屏東的甘蔗田裡，甜甜的甘蔗甜甜的雨……」當我陶醉在余光中〈車過枋寮〉的詩作中，學生似乎不能體會什麼叫甜甜的甘蔗、甜甜的雨，臉上開始興起不知所云的表情。

「同學，閉上眼睛想想：下雨時，空氣中瀰漫著甜甜的、甜甜的甘蔗味道，很清朗暢快的感覺哦！」

孩子們很乖巧地照做了，但臉上又是更深的茫然。

賣關子，引起孩子高度興趣

此時，我才發現：從小生活在嘉南平原的我，可以很快地連結，甚至感受到甘

蔗成熟的季節，充斥在身邊中那種甜甜的氣息。

在島國之北生活習慣的孩子，似乎沒有辦法有這樣深刻的想像，或許，電影的欣賞，可以喚起他們某些生活的連結與觸發。

因此，下課前，我向學生預告，下堂課會有閱讀、電影、爆米花的實驗課程。

「老師，真的有爆米花可以吃嗎？」

「老師，要看什麼影片，好看嗎？」

「老師，為什麼要叫『閱讀、電影、爆米花』？」

孩子的問題越多，我越是賣關子的故弄玄虛。

故意守口如瓶的我，讓孩子一下課，就圍到我身邊問東問西。

當他們期待越高，其實，我的壓力也越大。因為孩子第一次的學習經驗很重要，第一堂課必須要成功把閱讀和看電影的熱情點燃起來。

答案就在影片裡

「上課囉！」孩子們聽到鐘聲響後，我大聲叫喚同學回位子坐好。

「今天，先請同學把〈車過枋寮〉很有感情地念一次！」當我說完，孩子似乎刻意討好我似的，用盡最旖旎、繾綣的聲情念出，但聽來卻是彆彆扭扭的。

「好囉！待會兒的影片中會出現文本的答案哦！大家要認真閱讀電影傳達的訊

息和余老師的新詩做連結哦！表現好的同學，就等著領爆米花的獎品券，下課就可以吃到現在最夯、最有人氣的爆米花了！」

我一說完，孩子們不自覺地正襟危坐著，眼神充滿鬥志，一副非得到爆米花不可的模樣。

「《海角七號》耶，是最近最紅的《海角七號》耶！阿嘉……」孩子開始驚呼著。晃入眼簾的是，枋寮鹹鹹的海是充滿陽光的燦爛氣息；島國之南的舊街景和濃郁的人情都令人喜歡；好吃的甘蔗、香蕉、西瓜，原來都是嘉南平原的特產。

孩子一邊看著影片，一邊在詩作中找連結。

看完影片，再閱讀，孩子的感受全然不同

孩子似乎知道了生活不是缺乏美的感動，而是缺乏追尋的火花。

這堂課在不知不覺中很快地結束了，但孩子們卻有些意猶未盡的惆悵。

「再把這首詩念一下吧！閱讀過枋寮的地景人情，朗讀出來的文字應該很動人、有感情吧……」

不等我說完，幾個孩子就天真爛漫地讀了起來，語調都是愉悅的音韻，甚至，要求我找時間，把《海角七號》完整地播放給他們看。

這次閱讀、電影、爆米花的課堂觀察，讓我開始大膽地把電影、閱讀、爆米花

的三大元素搬到課堂上，進行授課。

幾堂課下來，我意外發現，**影像的輔助能很快地讓孩子跨越時空的限制，很快地找到生活經驗的連結**。例如，在〈王冕的少年時代〉這一課，我用《世界第一麪》的片段，讓孩子從文本的王冕到電影主角的吳寶春，找到他們成功的條件都是苦讀奮進、溫暖善良。

孩子從閱讀文本跨界到影片的世界，反而更能與時俱進，更符合時代的潮流。**課堂授課的影片都是剪輯過的，孩子大概只能看到電影片段約五到十分鐘。這種看到精采處，常會戛然而止的經驗，也養成他們揪團看電影的好習慣**。

透過電影，讓孩子更快進入純文字的學習

閱讀、電影、爆米花的課程，讓我們師生的話題，從課文到電影，無所不包、無所不談。

我也試著引導孩子去看動畫片、劇情片、紀錄片等不同類型的電影，例如，《拔一條河》，讓他們知道八八風災原來重創南台灣的山林，一個村落的重建原來是如此艱鉅的工程，而災區的國小拔河隊，靠著奮力不懈的精神，影響了自己家園的重建進度。

因此，孩子在讀課文〈森林最優美的一天〉，就不會產生對森林想像的陌生、

隔閡感，他們開始關注環保議題，也感知四時遞嬗，更改變了自己心境上的起伏。

孩子並不是冷漠的一代，只是他們對世界有情的想像，沒有被啟發，沒有被點燃。文字閱讀和影像閱讀，都可以燃起他們內心深處的熱情，讓他們成為更豐富、有內涵的孩子。

電影、閱讀與爆米花的組成，意外卻有趣地，讓孩子的課室學習多采多姿了起來。動態的電影、優美的配樂、主角經典的對話，讓孩子能很快地進入純文字的學習，也讓孩子把吃爆米花的快樂與輕鬆心情和看電影、閱讀聯想在一起，這樣的學習當然不會是枯燥乏味的，反而是具備更多美好的閱讀、電影、爆米花時光呢！

「老師，為什麼你喜歡閱讀和看電影？誰啟發你的？誰鼓勵你的？」孩子開始會想了解我的生命為何會與閱讀、電影緊緊地牽繫在一起。

「黛綠年華的我是靠閱讀與電影，點綴青澀與孤獨的歲月。我常常沉浸在一本書的世界，看著、看著，時光好像就靜止住了，全世界都繞著那本書在運轉。閱讀成了我生命最重要的陪伴。」我好像坐著時光機，回到了過去閱讀的生活經驗中。

「那為何會喜歡看電影呢？誰找你去看？朋友？男朋友？」孩子開始對我的青春歲月產生了興趣。

「欣賞院線電影對生活在鄉間小鎮的我而言，是極度奢侈的享受，那得要存好幾個月的零用錢，才有機會搭火車到熱鬧的台中城，去享受坐在電影院的時髦潮流。」對著孩子述說，我彷彿也回到了過去，我的青春燦爛時。

如何進行「課室提問」？你可以這樣做：

1. 讓所有學生都能參與：讓每個學生都有發言的機會，因此，可以讓少發言的學生回答簡單的題目，讓閱讀力強的學生回答反思題，讓所有學生都能發言與對話，如果有學生都不舉手，下堂課回答的第一順位就留給該生。
2. 提問前的預習與導讀教材：老師可以先把討論提綱發給所有學生，利用課前分組討論方式，讓學生大概都知道上課會討論的重點與方向，以免學生上課無所事事。
3. 秩序的維持與時間的掌控：老師必須以能力讓課堂的討論是熱絡的，卻不是沒有秩序的。其中的祕訣在於各組是否有領導人在帶領，還有老師的走動式管理。發言時，每位學生的時間須在一分鐘內完成說明，就能掌握住課室發言的時間。

受邀到台東教育局，分享閱讀

每一場邀約都是閱讀代言人的機會。
如果，我能讓更多人因我的分享而走進閱讀的世界，
那就是我該爭取的舞台。

一通熱情的電話

「請問宋怡慧小姐在嗎？」一個陌生的聲音，從電話那邊傳來。

「我就是，請問您是……」我有些戒心地問。

「不知道你願意來台東一趟嗎？」那聲音聽來不只甜美，也伴隨著熱情的邀約。

「是抽中了台北國際旅展的住宿券，還是東京來回機票？」我喜出望外地問著。

對方在電話那頭沉默了幾秒後，突然哈哈哈的笑出來：「怡慧老師，抱歉啦！

是我沒說清楚……我可能沒辦法送你免費的度假行程，但是很誠摯地代表台東縣教育局，邀請你來演講啦！」

天呀！對方心中一定很狐疑，長官為何會選中我去做閱讀分享，或許她現在正偷偷地想著：長官該不會是所託非人了，這位老師真的是傳言中那個愛閱讀的人嗎？……想到這裡，我突然覺得好窘又糗，真希望時間能回到電話響起前，我會莊重、專業地好好回話，不再魯莽行事。

電話兩頭的我們都沉默許久，對方好像有點擔心地問著：「怡慧老師，你在嗎？在嗎？」

「在……」我忐忑地回答著，聲音還抖動著。

「老師，不要被我們東部人的笑聲嚇到，不知道你願不願意到台東來，啟發我們的閱讀想法和活力？」對方依然很認真地問著。

「你們希望我分享哪一方面的閱讀議題，班級讀書會？校園閱讀推廣？晨讀十分鐘？閱讀策略？還是……」剛剛答非所問的失常，讓我有種想力挽狂瀾地塑造專業形象的衝動。

「嗯……」沒想到我的侃侃而談，卻換來對方的難以接話。

「應該都可以，老師覺得什麼議題最適合我們，就替我們上上課吧！」她還是很禮貌地給予我在講題上很大的發揮空間，也很熱誠地告訴我，她會到機場接送我的尊榮服務。

走出去分享，才能讓更多人喜歡閱讀

這次的對話，讓我想起從一九九八年，在第一屆教育部閱讀磐石獎與閱讀推手獎雙喜臨門後，我開始受邀到北區許多學校，分享閱讀課程與班級實作經驗。

剛開始，有些抗拒這種素人在一夕爆紅的轉變。不僅心理要調適，連生活都受到些許的影響。

「人紅了，可能需要經紀人排行程吧！」

「都這麼忙了，哪有時間繼續做學校的閱讀課程？」

「跟她約時間，要排隊才見得到？」

曾經，默默無聞卻勇氣百倍的我消失了。現在為何對別人談論的話題，那麼耿耿於懷？不管是褒是貶，都讓我快要受不了那耀眼光環背後的不自在，人言可畏的負面情緒，開始讓我的鬥志瀕臨決堤的邊緣。

是夥伴接棒式的溫馨喊話，讓我知道：「上台靠機會，下台靠智慧；一有機會，就不能浪費。記住呀！只有走出去，才能讓更多人喜歡閱讀，支持閱讀！」

每一場邀約都是閱讀代言人的機會，如果，我能讓更多人因我的分享而走進閱讀的世界，那就是我該爭取的舞台。

是朋友鼓勵我：「演講最重要的，還是要讓聽眾能馬上學以致用，所以要生活化、趣味化。聲情要能燃起聽眾的熱情，閱讀的力量才能延伸出去。切記，不要談豐功偉業，會讓聽眾生厭；不要只是紙上談兵，會讓觀眾昏昏欲睡。」

隔行如隔山，因為閱讀而跨界到演講的領域來，才知道台上三分鐘，台下十年功呢！

每天對鏡練習

朋友的分享啟發了我：每天洗澡前，都先對著鏡子說話。習慣看見自己說話的樣子，就能一天比一天自然表現；習慣聽見自己分享的聲音，就能一日比一日說得生動。原來，從容不迫來自於自信；抑揚頓挫來自於練習。

成功需要機會，也需要運氣，但最重要的是，能一直努力與堅持下去的心意。只是，這一次受邀到台東的演講，我該用什麼方式，開啟這段閱讀故事呢？

從新北到台東，我的閱讀想像到底是什麼？他們的閱讀輪廓又是什麼？

一直舉棋不定，無法為簡報定調的我，開始焦躁起來了。

「我慘了，只剩兩個禮拜，沒有一點可喜的火花，可以呈現在簡報耶！」我開始向夥伴們求救。

「之前『從心開始new起來』的簡報，不是很受歡迎？在鄰近的義學國中、崇林國中、光復國中、鳳鳴國中、大觀國中、林口國中、中平國中、新莊國中，不是都引起很好的迴響嗎？我都想當你的經紀人，改行幫你接演講場了……」岳璋老師誇張地鼓勵著。

「這幾所都是教育資源相近的社區國中，我們面對的閱讀困境，也比較雷同，某些閱讀課程分享起來很實用，未來也可以透過策略聯盟的方式，截長補短，讓彼此的閱讀地圖更圓滿，但遠在數百里外的台東，該用什麼來引起他們的閱讀熱情呢？」我依然無助地問著。

「簡報如果能突顯丹鳳閱讀如何讓師生同心戮力的克服萬難，或許能喚起他們深耕在地閱讀的情感，如何？」宏修很認真地分享著。

「學姊為何願意到數百里外的鄉鎮呢？這份心意就很動人呀！你的心藏著一份別人無法理解的閱讀愛與使命感，就說說這部分的自己當開場吧！」虹臻老師溫馨地說著。

「是呀！想用自己的方式來點燃閱讀美麗的微光，陪伴他們心中對閱讀的堅持。除了能行銷丹鳳閱讀外，也能讓偏鄉的學生，用閱讀留住老師，讓他們捨不得走。」

讓閱讀在其他老師心裡萌芽

夥伴的話，突然讓我頓悟了：「書裝打扮，閱情復燃！」是我到偏鄉分享閱讀的原因。

戲法人人會變，巧妙各有不同而已，就讓我全力以赴地為身在台東的教育夥伴們，獻上我第一次做短片的見面禮吧！

但短短五分鐘的短片內容，竟花了我五個晚上寫劇本、五個晚上整理歷史照片、兩個假日剪輯音樂，還預約兩天幾個俊男美女社群老師的時間，補拍了幾段的上課實錄。

折騰兩周的影片，終於趕在上飛機的前一刻完成。

我只希望能燃起每個老師的熱力，在未來都能成為每個學校的閱讀代言人。

有社群師生加持的影片，讓我沒有單槍匹馬上戰場的膽怯，演講過程，猶如千軍萬馬在身邊的豪情。

準備好再上的念頭，讓沒有在偏鄉演講經驗的我，因為小故事的觸發，讓許多老師也打開話匣子，與我分享、交流他們想像中的閱讀。

因為活潑的短片，成功抓住老師們的目光，讓許多看似枯燥的理論，搭配閱讀影音，拉近我與老師們的距離。

這次的演講會，讓我成長許多，也感動很多。如果，他們理解了我的理解，那麼我相信閱讀也會在他們的心裡萌芽。

不論他們用何種方式來表達對閱讀的想法，都讓我感覺到自己存在的價值，也讓我找到閱讀是我最初，也是唯一的信仰。

因為閱讀，認識了許多精采的人；因為演講，結交許多熱血的朋友。在閱讀的路上，是夥伴榮顯了我，是夥伴支持了我，讓我可以代表他們，站在數十人，甚至數百人面前侃侃而談，說說我們一起走過的閱讀故事。

如何製作「閱讀短片」？你可以這樣做：

1. 劇本：先設定短片主題、次主題，再進行書寫片長約三到五分鐘的短片。
2. 拍攝：需有兩到三位工作人員，協助取鏡、人員走位等，拍攝、剪輯所需的影片或照片。
3. 後製：利用剪輯軟體完成短片後，再輔上文字、配樂、插圖、動畫等，協助短片後製的工作。
4. 上傳平台：可將自製影片上傳至YouTube，可行銷、推廣校園閱讀。

參訪知名手作企業

「今年可以改變參訪的對象嗎？不再是去學校，而是去向鄰近成功的企業學習？」我試著把新的想法拋出。

「企業有什麼好學的？我們又不是營利單位……」有人提出反對意見。

自從丹鳳陸續得到幾個閱讀大獎後，鄰近的教育好夥伴：福營國中、義學國中、泰山國中、中平國中、新莊國中、林口國中、頭前國中開始邀約，組成閱讀策略聯盟的團隊，希望能透過參訪，達到新莊共好的願景。

學校間的閱讀參訪，讓教學更活潑

短短兩、三小時的校際閱讀分享會，遠比自己閉門造車兩、三周要有成果多了。例如，**讀經教育可以融入品德教育、語文教學；聯絡簿也可以進行師生的閱讀回饋；讀報教育也可以和生態、環保等議題結合……**尤其圖書館的布置、閱讀活動的推廣，都能看出各校極具特色的想像與創意。

透過**參訪的另一個收穫，是改變老師的學習氛圍，讓社群老師有更多點子，能沿用、轉換成課程教材，讓課室變得更活潑、多元**。

最有趣的是，各個學校都會製作獎勵閱讀達人的精美徽章，所有的發想是把愛讀校園、終身閱讀設計成別具新意的榮譽標誌，因此，在互訪活動中，大家都很珍惜彼此相贈的徽章，那是整個閱讀參訪學校的共好力量，也是團結力量大的祈願。

大膽的提議

「怡慧，這次閱讀社群參訪會到哪裡去？上次的參訪，收穫很多，大家都很期待……」仲慶老師在會議中提出想法。

「是呀！去哪裡找溫暖、找創意、找熱情……繼續再拚下去！」岳璋老師熱情地附和。

「印象中，有一次去參觀台中的彩虹村，最讓我感動耶！一位老伯伯用著熱情與童趣之心，用自購的油漆，把被大家遺忘的眷村，彩繪成五彩繽紛的新世界，超級cool的！」心蔚老師語帶愉悅地分享。

「上次去台中市的惠文高中時，看到他們的另類校訓是『HI—ME，HI—ME』，就是讓學生成為高品質的我。那種與時俱進的改變，啟發讓我們把閱讀社群的願景改成3C……」政儒老師得意地說著。

「哦！原來Creative創意、Cooperation合作、Conversation對話的願景是這樣來的……」剛加入社群的晨琦老師，好像發現新大陸似地說著。

「上學期，鼻頭淨灘走讀的活動，也是參考其他學校減碳健走的活動改造而來的……辦完後，走讀加入服務的概念就更動人囉！」玉婷老師加入討論，開心地發表著她的發現。

「我記得參訪過的成功高中昆蟲館、樹林高中國際交流活動、中和高中的數學營，都能穩定發展出自己的校園特色，讓我們更珍惜自己所擁有的閱讀特色課程。」佳琳老師感性地說著。

是的，出走對社群老師來說，就是讓閱讀找到改變的機會。每一次的出走，都是踏出學習的步履，也是凝聚彼此共識、找出創意活水的旅程。

出走，讓我們知道閱讀的世界有多寬闊，也知道每個成功的團隊，在課程品牌的經營，亮點課程的永續推展，都值得我們學習。

「今年可以改變參訪的對象嗎？不再是去學校，而是去向鄰近成功的企業學習？」我試著把新的想法拋出。

「企業有什麼好學的？我們又不是營利單位……」有人提出反對意見。

「企業不一定是學習它們如何營利而已，可以學習它們如何開創品牌，如何成功行銷產品的經驗。還有，它們如何讓組織能長期有向心力，願意為企業努力付出而自我成長。」我試著放慢說話的速度，希望讓大家能了解改變參訪對象的原因。

「真的，越走越不一樣了，只是不知道能不能越走越寬闊……」有人還是持反對意見。

「我們還是可以繼續和其他學校合作，也可以進行互訪、策略聯盟。只是，外面的世界很大，學習的路也很長。我們在這個關鍵時刻，可以像海綿一樣，多方吸收各種能量，把企業專業的精神與拚勁融入社群來！」

「原本只是想出去玩的偷懶心情，都會被你賦予很大的使命感，讓自己覺得此行責任重大呀！難道，你是上天派來改造我們的美少女戰士嗎？」

同事一說完，大家都心領神會地偷笑。難道我在他們的心目中，是那種計較目標導向的女戰士嗎？

為了走到夢想的彼岸，我們還是必須這樣堅持、努力，試著走出自己的路……

處處都是學問

不知是恰巧，還是好運？每次的參訪，伴隨的都是和煦、溫暖的天候。

老天爺許我們一個好氣溫、好心情，彷彿也告訴我們，學習的心到哪裡，陽光就在那裡等我們。

這一站，我們來到手信坊創意和菓子文化館。有趣又活潑的導覽、開放又明亮的廠房、親切又專業的企業形象，都讓我們印象深刻。

尤其，一進門就有手洗的禮儀。原來用水瓢舀水，第一瓢是淨身，第二瓢是淨心，第三瓢是虔敬許願，第四瓢是把長勺洗淨，讓下一個顧客可以使用。這樣別出心裁的手洗之禮，讓我們感受到企業迎賓的用心與創意。

當社群老師把手邊的幾項原料，組裝、捏成美麗的玉漾雪菓時，大家都不敢置信自己DIY的手藝如此精湛。最特別的是桐花綠豆糕，外型上結合土城在地的桐花特色，讓綠豆糕成為在地甜食的第一代表。

一邊手作，一邊聆聽講師談論菓子和人的一生的密切關聯，還有把日式禮盒和台灣習俗做個對照，才發現認真做、用心學，處處都是大學問。

半天的參訪，能親自體驗、實地探索，不僅學習得很快樂，也讓團隊更有默契與向前走的動力。

「哇！你的綠豆糕和櫥窗擺設的簡直一模一樣的精緻耶！」夥伴彼此互誇著。

「原來，我也發展出第二專長了，是擔任和菓子的手作師傅……」老師們紛紛展示自己巧奪天工的成品，也找到最初永遠不放棄學習的熱情與堅持。

每一次的出走，我們就好像找到心有靈犀的感動，點燃翻轉課室的想像火花，讓教學的世界，走向師生共學、幸福滿載的路程。

閱讀出走，在其他學校、企業的身上，我們學習到天下沒有不勞而獲的幸福，幸福是要付出辛勤的汗水和永續經營的決心的。

向優質的學校學習、向成功的業界學習。此刻，期待出走下一站閱讀的幸福，讓熱情的心繼續昂揚，永不停歇。

如何進行「閱讀參訪」？你可以這樣做：

1. 根據社群參訪目標，設定交流學校（企業）：每一次的參訪皆有參訪目標，因此聯繫學校時，可以根據校本課程特色或亮點活動，進行參訪交流。
2. 事前的聯繫工作：參訪的交通工具、用餐、保險、交流文創品等，事前規劃事宜，須於參訪前完成。
3. 參訪方式：靜態的學習，聽簡報做課程或經驗分享；動態的學習，可以做課室觀察或手作課程等，可根據社群需要設定參訪方式。
4. 社群回饋與反思：參訪後，能盡快進行做中學課程，也進行參訪心得分享。整合大家的想法與意見，有助未來社群經營與共識的凝聚。

閱讀背包客——小山探訪之旅（上）

我的心告訴我：「放下這些吧！這一次，讓自己回歸單純的教學生活，用一個陪伴孩子當文學背包客的身分，全心全意跟著小隊的孩子，體驗花蓮生活吧！」

生活看似平凡無奇，也常有挫折風雨，不過，上天總能為我的生命，注入美好的緣分，邂逅許多善良的人情。

離家北上念書後，我在都市漂流近二十載，在一次誠品文化藝術基金會，徵選文學花蓮背包客的營隊老師活動中，我走進為孩子撐起尋夢之篙的旅程。

那五天五夜，我們用文字與步履，體驗花蓮在地的靜美與靈動，一如徐志摩在康橋的流光，是康橋的風景，開啟詩人的性靈，喚醒蟄藏在他心底的熱情。

離開舒適圈，接受挑戰

看似完美的緣分安排，卻因為一些同事的提點，而讓我的內心不自主地升起這樣的恐懼與忐忑：

「工作後，從沒離開冷氣房的你，可以五天五夜與陽光為伍，熱風相伴嗎？」

「你是路癡，你有能力設計小山探訪的完美地圖與課程嗎？」

「你真的準備好了嗎？還是只是興沖沖地出走？」

「你真的能離開舒適圈，接受背包客的生活挑戰與考驗嗎？」

「你出走的這五天，工作和家庭真的沒有任何羈絆了嗎？」

是親愛的媽媽看出我出發前的擔憂與煩惱，也看出我想出走的渴望與企圖。她沒有給我任何的安慰，只是很溫柔說：「如果現在不去花蓮，你會有遺憾，那麼就去吧！兩個可愛的娃兒，留在鄉下陪我，你可以安心吧？這麼多年，為了工作，已經放棄過許多出去走走的機會，你可以選擇的……」

知女莫若母，去洄瀾的確是一個生命成長的宣言，一個反璞歸真的儀式。再過幾年，就要邁向不惑之年了。一趟文學背包客的旅程，是真心想剪一段走讀的日光，解生命的風霜。

我不用再擔心營隊講師的接送，不用再煩惱參訪車輛的調度，甚至，成發會的冷氣開了沒？營隊學生便當來了沒？哪堂課的彩色筆、剪刀，還缺幾套、幾把？哪個孩子今天還未到營隊？哪個學員還在找他的名牌？

我的心告訴我：「放下這些吧！這一次，讓自己回歸單純的教學生活，用一個陪伴孩子當文學背包客的身分，全心全意跟著小隊的孩子，體驗花蓮生活吧！」

只有前進夢想的勇氣，是不夠的

那天，太魯閣號在鐵道上奔馳著。我獨自一人，望著車窗晃過的景致，邂逅郝譽翔所謂山與海的賦格曲的驚喜，遙想楊牧奇萊三書中奇山異水、稻香浪花的閒適，行旅在陳黎的波特萊爾街上，感知太平洋詩歌節的熱情舞踏。

迎著文學的薰風，把對花蓮的想像繫在衣襟。未來，我將閱覽在地生活的地景人情，或許會迷失在尋訪的祕境，或許可以漫遊在文學的桃花源中，這就是文學背包客的初體驗呀！

此次的走讀意外驚動了老朋友張史寶。她在花蓮走讀背包客的帶隊名單中看到我的名字，就寫了一封信，邀約我一定要完成此次的旅程，甚至開心地提出可以協助我設計走讀課程，也讓我寄住的承諾。

知己的盛情款款，讓甫到花蓮的我，有他鄉遇故知的幸運，也感受到花蓮的氣溫的確特別熱情。

「歡迎怡慧來花蓮，今天下午是不是要去旅勘美崙山和松園別館的走讀課程？」史寶問著。

「是呀！你建議幾點去？」過慣冷氣房生活的我，邊擦汗，邊喘氣地回答。

「你是不是還不習慣花蓮毒辣的太陽，很熱吧？」史寶直話直說。

「我還在適應中，只是頭有點暈……」我有點虛弱地說。

「你才在有長廊的街道走五分鐘，看起來就有些蒼白了。我建議，現在先去買大帽子、口罩，還有手袖，做好防曬，你才會有體力繼續拚旅勘！」史寶用關心的口吻說著。

原來，只有前進夢想的勇氣還是不夠的，我還需要對抗烈陽的體力，才有機會帶著孩子上山下海，真正走一次花蓮的藍天綠水、海風夕陽呀！

即使迷路，也是驚喜

整個下午，我讓身體適應在陽光的照拂之下，慢慢地行走在自己手繪的小山探訪地圖上，身體似乎也感受到歲月的靜好，慢慢習慣三十多度的氣溫，漸漸不再有暈熱的感覺。

午後旅勘行走的美好時光，就這樣緩慢移動在文學的地圖上，重疊出幾段光影交錯的好風景，顛覆我對夏日溽熱的想法。

累倦時，就隨興地找片草地坐下來。耳際不時傳來蟬鳴蟲嘶，輕輕地閉上眼，就能邂逅自然好音，簡單自然地呼應生命的鼓音。海的味道就在不遠處隨清風吹來，涼爽的氣息就襲上臉龐，不用冷氣，就十分消暑。

一整個下午，發現找到了遺失多年的美好拼圖，終於可以跟著心的聲音前進了，想笑就笑、想走哪就走哪。

在這裡，每一條路，都值得你走一趟，每一個選擇，也都沒有對或錯，每一步都是生命的一個探尋的過程。即使迷路了，也能閱讀到真正柳暗花明又一村的震撼與驚喜的心情。

陪我一邊場勘，一邊走讀的史寶，或許也看出我早已自在融入花蓮的在地生活，不再擔憂我的水土不服，開始以導遊的口吻建議我：「你可以在這個地景，加進體驗課程；可以在這個方向，找到小山的私房景點。」

「怡慧，累嗎？要不要休息一下再走……」史寶親切地提醒著。

「沒有想像中的累耶！花蓮對我來說，是一種看似陌生卻又親切的熟悉感，說不上來那種感覺，好像我曾經在這裡住過、生活過，很容易就自在起來……」我開朗地說著。

「很多人都會這樣形容花蓮、想像花蓮。只是，你要設計五天的走讀課程，難道不會感覺很吃力？」史寶問著。

「不會呀！有史寶在，我就成了現代的白居易了呀！尤其，能聘請你當走讀課程的軍師，我都要橫著走了呢！」我俏皮地說。

「曬了一天，看你白嫩嫩的臉都紅成一大片了，會不會擔心變醜了？」史寶心疼地說。

「愛美的我，睡覺前會敷面膜啦！只是能不能白回來，就要看看廣告的效果是名符其實，還是有誇大之嫌？」我故作鎮定地回答。

「研究所的怡慧給我的感覺是溫室裡的花朵！是哪裡來的勇氣，讓你願意在這裡？」史寶有些疑惑地問。

「史寶，如果每件事情都只停留在想像階段，生命就會錯過太多精采的事了！所以，我排除萬難地來了、來了，朝花蓮奔來了……」我像小孩似地說著。

「所以，你做事都是這麼衝，小心撞到……」史寶幽默地說著。

「哈哈！史寶在我身邊，陪我旅勘、設計課程，不會暴衝，只會穩扎穩打。有最優秀的花蓮人跳下海來幫忙，我才好膽的來了！」我開始輕鬆地說著。

「少貧嘴了，快睡覺吧！明天才是考驗呢！你要獨挑大梁，當小隊的課程老師，我可不在你身邊哦！」史寶邊笑邊裝嚴肅地催促我。

用走讀，記錄感動

一直在城市漂流的我，第一次用腳步丈量洄瀾的土溫，張開耳朵，傾聽到自然的呼喚，就這樣追尋想望的朝地標前進。

用走、用讀、用寫，把旅途中悸動過的片刻記錄下來。

明日的我，會在洄瀾柔媚的清晨中甦醒；我會浪漫地收藏一片曙光的燦爛，送給即將來到誠品文學背包客的每個孩子們。

親愛的孩子們：相信緣分的牽引，會讓我們在文學背包客的行旅中，找到創意、笑容、熱情的自己。這五天請盡情漫遊，和更好的生活相遇。

閱讀背包客——輸了，看海去？（中）

「為什麼？為什麼？就差一秒，就差一秒，我們就贏了！」孩子們因為最後一個任務跑錯路線，雖然趕緊中途折返，但來來回回，浪費不少時間，最後只能眼睜睜看著勝利成為別人的囊中之物。幾個女孩抱在一起哭了起來。

讓人引領企盼的開幕式，由活力四射、創意無限的大學生來開場，過程不僅歡笑連連，也讓文學背包客的啟航，有一場簡單卻隆重的儀式。

而最壓軸的節目，竟然是主持人請營隊老師和小隊長各自站在舞台上下，隨意牽起十條紅線的兩頭，然後要我們靜默幾秒鐘後，循著糾結的繩，就能讓命定的小隊與指導老師相逢了。

「Ya！第九小隊抽中設計小山探訪的怡慧老師……」第九小隊的隊長開心地跳了起來。

鼎皓爽朗的表情，讓我的心暖起來。

原來，我給孩子的第一印象是不錯的。這真的是一個好的開始。

遠遠地，我也看見屬於我的第九小隊了。孩子們臉上的笑容，泛著好甜美、好年輕的青春氣息。

「哇！老師，我昨天就有一種預感會抽到你這種模樣的老師。」鼎皓把我請回小隊時，就天寬地闊地和我聊了起來。

「真的嗎？你的念力好厲害哦！」我誇著他說。

「我告訴老天爺，我從屏東那麼遠的地方坐車來，一定要抽到一個看起來順眼的老師。」他一邊說，一邊做禱告的模樣。

「你怎麼知道，我是順眼的？」我好奇地問。

「憑感覺呀！人的相處是一種感覺……」他一說完，大家都笑了。

「說得好玄妙，不過，很開心認識大家！站在台上時，老師也有預感會抽到第九小隊……」我做出第九小隊的手勢，誇張地喊著。

「哈！老師，你的tone，真的和我們很合得來！原來你是走諧星路線的……」鏡蓉開心地做了結論。

諧星路線？生平第一次有學生說我走諧星路線。

看來，我越來越有諧星的架式與潛力了。

明白「自在過生活」

「今天的第一堂課是破冰之旅，我們要玩小天使和小主人的遊戲！所以請大家先自我介紹後，再把紙條放進籤筒裡。這五天，你們都要好好照顧抽中的小主人哦！當然，每個人也都有一個善良的小天使在暗中保護著……」我把準備好的小紙條拿出來，開始進行團康活動。

「老師，你也會加入小天使小主人的活動吧！」焜霖問著。

「好呀！只是我怕我的關心會讓小主人五天後捨不得離開我……」我很有喜感地說著。

「老師，我發現你除了自我感覺很良好外，真的也很有喜感耶，強大呀！」冠慧比個讚的手勢，幽默地說著。

孩子們，老師願意當你們每個人的小天使，盡力在這五天保護你們，也希望在小山探訪旅圖中，能讓你們明白什麼叫做自在過生活，而不是把日子忙亂地過完而已。

遊戲的真正意義

下午，我們面臨的第一個考驗是整個營隊的闖關活動。

「我們必須在闖關PK賽中，奪下勝利的錦旗，才有冰涼的飲料可喝。」孩子的說法摻雜著必勝的決心，也讓下午的闖關課程，添了些許的火藥味。

「孩子們，我們加油囉！闖關過程最重要的是，訓練我們的觀察力和對地景的熟悉感，還有團隊默契……至於勝敗得失，我們先當成次要的選擇，如何？」

我試著和孩子分享遊戲的意義。

「老師，我不喜歡輸的感覺，無論如何，我一定要贏……」坤良堅定說，其他人也跟著附和。

「Go！用盡全力，第九小隊，最優秀……」孩子們的口號喊得巨響，完全不理會我的運動家精神喊話。

贏與輸，都是人生必須學習的功課

孩子堅毅的表情告訴我：他們從不戴著面具過日子，他們是一群勇敢說出自己想法的年輕人。

他們直率的反應突然也讓我想起高中時期的自己，不也執著在贏與輸的結果上？有好幾次還因為不服氣而大喊比賽不公，甚至有好幾次，也因此寢食難安呀！

只是年歲漸長，漸漸把成敗看得很淡然了，對很多事情也開始隨遇而安，甚至也變得越來越膽小，越來越不敢追求所謂勝利的感覺……

「老師，快點跑！我們要去紅燈塔，搶奪寶紙條！」

孩子的催促聲，讓我趕緊回神，跟上他們的腳步。

「哦！好的，等我，跑慢一點啦！老師的骨頭快散了……」

長大後，第一次為了要搶紙條而跑得滿頭大汗，第一次為了要奪寶，而有必勝的雄心壯志。

拚盡全力，就是要圓一個想贏的心願，我竟忘記小腿已經腫脹到微微發疼了。

輸了，看海去?!

「為什麼？為什麼？就差一秒，就差一秒，我們就贏了！」

孩子們因為最後一個任務跑錯路線，雖然趕緊中途折返，但來來回回，浪費不少時間，最後只能眼睜睜看著勝利成為別人的囊中之物。

幾個女孩抱在一起哭了起來。她們難掩失望，淚水潰堤，我只能忍住悲傷，緊急集合她們說：「同學們集合，快跑到階梯上面來找我，快哦！」

全隊到齊後，我們在美崙山的木棧上坐下來。

「孩子們，放輕鬆。你們遙望一下太平洋，看看那潮起潮落的磅礴氣勢！」

「是海耶！好藍的海！」

孩子們臉上掛著淚痕，但卻被那美麗的湛藍之洋感動到了。

「所以，老師是想告訴我們：**因為輸了，才有機會看到這片大海。因為輸了，才有機會知道輸是多麼痛的領悟嗎**？」冠慧若有頓悟地說。

「**真正的贏家，會享受比賽的過程，體會超越勝敗的快樂，至於輸贏的結果，我們可以更淡然處之**。雖然，我知道一下子很難做到這樣的境界……」我同理地說著。

「可是，我們輸了……我的心好痛！」孩子還是真性情地嘶吼。

「好啦！因為輸了，才能贏得老師請大家喝一杯古早味冬瓜茶呀！」當我說完，史寶偷偷地從木棧旁走出來，並帶來兩大包的清涼飲品。

超越得失的生活學習

「請大家用愛的鼓勵加尖叫謝謝史寶老師，剛剛她看到大家為第九小隊的榮譽全力以赴的態度，真的超級感動的，所以我們決定自己頒獎給心中永遠是第一名的第九小隊……並附贈冬瓜茶一杯！」

話一說完，孩子開始歡呼起來了。先前的挫敗愁緒，應該漸漸淡去了。

「第一名、第一名……」孩子一邊喝著冬瓜茶，一邊如釋重負地聊了起來。

這一杯冬瓜茶，帶走了他們在失敗中難以承受的難過，也帶來了比賽過後，超越得失的生活學習呀！

一段旅程，或許無法留下什麼豐功偉業可傳頌，但卻能把心靈的苦楚，真正撫平、抹去。

用自己的心去感受萬物

晚上，我和孩子聆聽基金會安排的專題講座，看見在地生活家玉萍、冠羽老師，在慢城花蓮過生活的步調和美學，心中不只羨慕，也有著深刻的反省，真正的快樂與否，其實是取決於自己對生活的態度。

老師也偷偷告訴我們：「**不要百分百相信旅遊書所寫的指南，哪一條街是有故事的？哪一棟房舍是有文化的？哪一處歷史地標是一定要追尋的？哪一杯咖啡是最香濃好喝的？都是要靠旅人自己去走讀，自己去感受……**」

是呀！能在微風徐徐的夜晚，踩著星輝的光影，在心底預畫明天的走讀旅圖，就是真實的幸福呀！

明天，我將陪著孩子去走讀松園別館，感受當年神風特攻隊喝御前酒的悽愴與悲壯；重返太平洋詩歌節的歡唱現場，啜飲詩韻音揚的芳醇，一起寫下松園漫步的詩光與生活故事。

閱讀背包客——為愛叫賣（下）

我們有一堂「為愛叫賣」的課程。

如果能體驗賣菜阿嬤的辛勞，甚至把叫賣所得，都全數的回饋給阿嬤，我們這些旅客對走讀花蓮的意義，就不再只是停留在觀光而已。

松園別館是我們體驗小山生活的起點。我邊走邊告訴孩子：「過去我曾拜訪過松園，在那裡，我發現花蓮的陽光，將溫暖曬進了松園的窗，將寧靜篩入心靈。流動的靈感，讓松園的風景，眉批在生命的扉頁中。」

「原來，老師除了搞笑之外，真的很詩情畫意、學富五車耶！」鼎皓又開始調侃我。

孔子是最早的走讀者

突然間，我想起孔子。

「你們知道嗎?在中國走讀文學的史料來看,孔子是最令人尊敬的旅者吧!他以周遊列國為旅圖,結交了七十二位,願意跟隨他、陪伴他的學生。看似浪跡天涯的人生,因為弟子們心領神會而發揚光大了儒學,他們師生這趟走讀之旅深深地影響中國士人思想三千年之久,甚至更長遠……」我突然又老學究了起來。

「老師,你專業的樣子很可愛哦!會一直滔滔不絕,不會吃螺絲耶!」冠慧調皮地說著。

「這樣的走讀方式,讓我想起蘇格拉底與柏拉圖……」孩子們還是很靈活的,馬上舉一反三,頗有小文青的架式。

「師徒之間這種互相標榜的自詡口吻,我挺喜歡的!」我由衷地說著。

三個獨特的任務

「還記得老師剛剛在你們的松園旅圖中加了三個任務嗎?待會兒,大家是有功課要完成的哦!」我認真地提點著孩子。

「我們知道:和旅人對話,和自己對話,和松園對話,三個主題提問……」孩子倒背如流。

「大家上課都很認真哦!」我忍不住誇起他們,也催促他們一定要使命必達,把走讀任務完成。

「老師，剛剛法國人在我的松園旅圖中替我簽名了，快來看……」冠慧開心地又叫又跳。

「老師，剛剛原住民朋友為我跳了一段歡迎舞，我錄下來了，你看……」家榆把跳舞的影片，邊說邊播。

「老師，剛剛有個小朋友教我倒立，我看到一個不同感覺的松園。老師，你也來倒立看看……」鏡蓉抓著我，要我也試試用不同的角度看松園。

孩子們比我想像的更有創意。松園不再是別人眼中的松園，松園也不是詩人讚詠的松園。

松園是第九小隊在地生活與自我探尋的松園了。

他們從任務中理解：「**旅行的意義，不是走馬看花的把地景走完，而是從旅行中，觀察到自己對世界的詮釋方式有太多面向了**。在獨自一人的旅程中，閱覽到的反而是當地最熱鬧繁盛的風景。」

「老師，晚上的燭光夜語是什麼活動？」坤良好奇問著。

「是真心話大冒險嗎？」筑瑄也提問。

「請拭目以待呀！我可是趁大家睡覺的時候，跑了好多雜貨店才買到的……」

我開始吊他們胃口，讓孩子習慣去想像下一個旅程的意義。

學生感動到快掉淚

當我把蠟燭排成九的隊形，也把第一盞點燃的蠟燭交給孩子。我請他們把眼前的蠟燭點燃後，再把燭火傳給下一個隊員。

一下子，孩子在黑暗中看到熠熠閃著燭火的「九」時，孩子們開始驚呼：「好感人耶！我感動到快掉淚了……老師，老師！」

「在陌生闃暗的夜，隨著一盞盞燭光的燃起，溫暖彼此的心靈。這是我們的標誌；我們永遠的回憶。」

當鼎皓說出這如詩般的話語時，第九小隊的我們，都沉浸在這幾天營隊生活的點滴中。

「明天會帶大家到美崙山，體驗晨起的生活，你們六點爬得起來嗎？」我得快把這種感性的場景拉回現實的生活。

「太厲害了吧！老師你越來越酷了哦！六點出發？」鏡蓉開心地說著。

「大家要準時哦！短短兩、三個小時，要去體驗早操生活，還要幫菜販叫賣哦！太晚去，可能會來不及回演藝廳聽廖鴻基老師的精采演講了……」我認真地提醒他們。

「我們是OK啦！就怕老師爬不起來……」孩子們開起我的玩笑了。

「好啦！感動完，早點睡！」

這幾天和孩子的相處越來越親近，彼此也越來越有默契，讓我超級期待明天的到來。

早晨的陽光依然耀眼熱烈，孩子整裝待發地在校門口等著我的出現。

「老師，你遲到三秒鐘！待會兒要唱歌給大家聽哦！」鼎皓笑著說。

「我沒在怕的，現在就唱！『走走走走走，我們小手拉小手，走走走走走，一同去美崙山……』」

孩子都笑了，跟著大聲唱和，我感覺到從所未有的快樂襲來。

突然，我被一雙強而有力的手，拉進正在跳土風舞的圓圈中，其他的孩子也陸續被拉入隊伍裡。

身邊圍繞著原住民、客家族、新住民臉孔的朋友。那一刻，我敞開心胸，盡情跟著他們動一動、扭一扭。左三圈、右三圈，跳著跳著，汨汨流淌的汗水是喜悅的、感恩的。

「為愛叫賣」的動人課程

跳完土風舞，今日的任務才正開始呢！

我們有一堂「為愛叫賣」的課程。第九小隊的孩子和我一樣，都是從不同縣市來到花蓮這個鄉鎮。如果能體驗賣菜阿嬤的辛勞，甚至把叫賣所得，都全數的回饋給阿嬤，我們這些旅客對走讀花蓮的意義，就不再只是停留在觀光而已。我希望孩子能從這堂課學習到珍惜與感恩。

看著孩子聲嘶力竭地叫賣著，阿婆開心地坐在板凳上。

我知道孩子在八螺疊翠美崙山的地景中，因為賣菜生活的體驗，不但能體驗賣菜的生活步調，也有機會讓孩子知道父母賺錢的艱辛呀！

孩子從早晨的體驗課程中了解：旅行不是比誰走得遠、爬得高，走過什麼經典行程，而是讓自己和陌生的土地更親近，和人情有對話的可能。

意外參與麗娜號的啟航

「老師，下午有麗娜號的啟航典禮，是賣菜阿婆說的，你要不要更改課程，帶我們去體驗？」孩子突然告訴我這個馬路消息。

「下午一、兩點走到船務局，會不會中暑了？」我有點擔心地問。

「我們是不會啦！就看老師行不行囉？」孩子開始用激將法。

「頂著烈日，帶著可愛的你們共襄盛舉，是人間一大樂事。」我故意裝可愛地說著。

沒想到，這個馬路消息價值連城呀！能眼見大船入港是千載難逢的機會，更是我人生第一回的經驗。

貼心的船務局，還大方地贈送我們師生一人一頂首航紀念帽，讓大家直呼不虛此行。

旅行真的需要一種隨心所欲移動的勇氣，我也在這次的走讀生活中深深體會到了。

詩朗、話劇、播放影片的心情獨白……

「老師，今天晚上是不是要彩排明天的成發會？」冠慧提醒我說。

「劇本我寫了大綱！人物選角，老師要不要幫忙，還是讓我們自己認領角色？」坤良成熟地說著。

「這樣好了，時間有限，發揮分工合作的精神。影片剪輯交給我，靜態成發的作品整理就交給郁瑩統籌。還有，小隊輔姐姐可以協助道具的採買和劇本的發想。大家覺得如何？」我看著他們說著。

「好，老師我們隨時保持進度回報的機制！為成發會加油！第九小隊，Go！」看到大家即使已經累了一天還精神奕奕，真的很感動。

第一次早起不用鬧鐘喚醒，成發會的天光好像有種召喚人晨起的魔力。

「老師，我需要音樂！不然話劇表演會很無聊……」鼎皓緊張地說著。

「配樂交給我，其他同學先把台詞、動作記熟。唯致、坤良、鼎皓是三場戲的主角，請加油哦！」我打氣地說著。

一整個早上，所有人都動起來，為了晚上的成發會排演著、努力著。他們把小山探訪的旅程，串接成花蓮慢活的流光，把花蓮黏膩的土溫、第九小隊的活力，以及花蓮走讀的驚喜和感動都融入二十分鐘的發表會中了。

我不得不說，孩子的成發會精采極了，不管是詩朗、話劇、播放影片時的心情獨白，他們的表現都讓所有人知道：這趟走讀之旅真正改變了我們的生命。

掌聲響起來，預告著五天五夜的走讀生活，即將在明日的午後畫上句點。明天過後，屬於我們的走讀生活或許已經結束了，但這趟旅程改變了我對花蓮的想像，對這城鎮的依戀。

原來，文學背包客的身分讓我們學會用不同的角度看世界，讓我們找到感動自己、感動別人的故事和生活態度，即使未來，我們回到各自的城市中漫遊，我們還是會延續這份走讀的感動火花，隨時點燃它，讓生命發光發熱著。

坤良說得真好：「陽光，青翠溜下。啜著文字的音符，沒有酒，我們卻都醉了！」孩子，與你們相遇，讓老師醺醉，在這奇蹟的夏天，永遠都記得命定的第九小隊，屬於我們的夏天走讀。

如何設計「走讀學習單」？你可以這樣做：

1. 釐清走讀的意義：可以和旅行的意義做比較，讓學生從地景、人文、人情等部分進行觀察。
2. 利用五感法來描述走讀的旅圖：從視覺、聽覺、嗅覺、味覺、觸覺來書寫走讀的心情與觀察。
3. 走讀大哉問：列舉十個與地景走讀相關的問題，讓學生從走讀中去找答案。以松園別館為例，松園別館最美麗的表情是？找一首小詩，把你從松園俯視太平洋，轉頭望中央山脈的感覺，描繪出來。
4. 設計三大任務，並讓孩子在時限內完成：例如，製作一張松園別館的走讀任務看板：我是走讀背包客，我正在走讀旅行，請你／妳，幫我一個忙好嗎？任務一：可以用一首歌形容松園別館嗎？任務二：你願意替我拍一張照片，並與我分享取景的原因嗎？任務三：可以分享一下你到松園別館旅行的原因？

大新莊區的文理魔法營——接龍說書……

開學後，偏鄉的故事開始在校園傳頌著。有些老師忍不住告訴我：「啊！這些老師真是太熱血了！忍不住要給他們按個讚！」

當我還停留在愉悅心情時，沒想到，幾個親近的孩子卻前來興師問罪了……

在貢寮偏鄉服務的生活期間，讓我發現到：**生命不是準備好了，才有機會讓我們大展長才；生活不是計畫好了，才有緣分讓我們與幸福相遇。有時候，只要願意向前走，就能找到人生的答案。**

沒準備好，反而讓我們因惴惴不安而願意在踏出腳步時，多給自己學習、思考的機會；沒計畫好，反而使我們因走錯路途而認真反省，不知不覺中，累積更多改變自己的緣分。

孩子前來「興師問罪」?!

開學後，偏鄉的故事開始在校園傳頌著。有些老師在聽完分享會後忍不住告訴我：「啊！這些老師真是太熱血了！忍不住要給他們按個讚！」

當我還停留在這個以服務、閱讀與愛為啟程的愉悅心情時，沒想到，幾個親近的孩子卻前來興師問罪了……

「老師，好羨慕貢寮的學生哦！」小義工突然天外飛來一筆地說。

「怎麼說？你是嚮往鐵道山城的生活？還是想當現代桃花源人？」我暗自揣度地問著。

「都不是啦！老師，你只想到別人，胳臂往外伸！」學生看著我，哀怨地說。

「是呀！你不愛丹鳳！跑到別人那邊去辦活動！」小義工加入撻伐我的行列。

「老師，我們是自己人，你都不照顧我們！」小女生小聲地附和著。

原以為，偏鄉的故事會帶給學生夢想起飛的想像，但孩子們的反饋，怎麼會是這樣的答案呢？

他們的反應讓我很受傷，也讓我很錯愕。頓時，我的臉色開始陰鬱起來了。

文理魔法營，誕生

孩子們好像也發現他們自以為的撒嬌和幽默，並沒有讓我能感同身受地回應他們，反而適得其反地，讓我冷漠地注視著他們。

一陣安靜之後，走進辦公室的木財老師似乎發現箇中蹊蹺，他打了圓場說：「怡慧老師，他們是酸葡萄啦！覺得他們老師的心，好像跑到別人那裡去了，吃醋了……」

孩子聽完，有些原來如此的領悟，紛紛點著頭。

有人怯生生地說：「老師，對不起啦！我們真的很希望暑假你可以替我們辦這種營隊，才出這種招……」

「老師，我很想參加你寒假辦的那種營隊。看起來，真的很好玩……」

「老師，對不起！」孩子開始此起彼落地向我道歉。

孩子們真誠的討饒，讓我感到十分慚愧。

我有點難過地向他們說：「我才要向你們說對不起！老師真的很小氣，我的心好像聽不見你們的善意。你們願意給我一個機會，原諒老師的小心眼嗎？」

「老師……我們也沒有替你著想，對不起！」孩子們純真地看著我。

「老師聽到你們的心意了，暑假，我們就招募營隊老師來籌辦大新莊區的文理魔法營吧！」

當我說完後，孩子開始大喊：「就說老師最疼我們了，是不是？是不是？老師人最好了……」

老師們自動加班，規劃活動

純真的天使呀！即使是我不小心傷到他們了，他們還是那麼溫婉地替我找台階下，讓我可以優雅地走著，不致踉蹌跌倒。

老師們聽到這個暑假為期五天的營隊活動，即使事多，又沒假期，卻願意投注心力，來替此次破天荒的暑期營隊設計教材與課程。短短的三個月，我們開了五次籌備會，小組課程分享，大家不斷修正課程的教材。

年輕的芸竹老師建議可在營隊的第三天加入外埠參訪活動，讓孩子在靜中有動、動中有靜的課程活動中，玩出樂趣，不致會有學習彈性疲乏的問題。

在編撰營隊手冊的期間，我從每個老師的教案與學習單中，清楚地發現，每科老師別出心裁的課程創意與熱情。

例如，國文科「以水池邊的說書人」與「小說繽紛樂」為主軸，從說故事的祕密為題，開始把小說文本，拆解成人物、場景、對話、情節、視角、時間等六個元素來做文案分享，讓學生能搭乘小說時光機，進出每個時代小說的任意門，和同學一起欣賞小說的流變。

受孩子歡迎的「接龍說書」

但沒想到，真正精采的營隊課程，是老師們還會融入現在學生圈最流行的桌遊活動，讓孩子從手中抽到的牌，搭配隊員的說故事比賽，進行接龍說書。

孩子在寓教於樂的比賽氛圍中，體會到知識的活用與趣味，因此，學員鄭宇翔就偷偷地告訴我說：「原來**文學不是死板的背誦，可以翻牌、說書**，太多元有趣了，營隊老師會不會太厲害了？」

「蛋風奇緣」的降落傘

第二天登場的自然課程著重在化繁為簡，以淺顯易懂的實作課程，替代艱澀的原理教授。以「蛋風奇緣」為例，就是透過師生手邊現有的材料，製作一只簡易的降落傘。

孩子必須將設計想法及製作過程，完整記錄在學習單中，老師從實作與學習單，引導學生從生活的趣味小玩意，找到科學家發現原理或公式的歷程，十分有趣。學員蔡淇華帶著「蛋風奇緣」的降落傘回家時，就跑到辦公室和我分享：「實作課程讓我獲益匪淺！原來，**知識是活的，它能跳脫出書本的框架**。」

聽到孩子這些成熟又感性的營隊感想時，我了解：「**標籤是別人貼的，生命的價值才是自己訂的**。」看到孩子的笑容，我更明白自己做這些事情的初衷是什麼了。

第三天，是最受歡迎的外埠參訪了，出去走走，總讓孩子有莫名的快樂。空中英語教室的參訪課程，讓我看到學員靜靜地參觀數位攝影棚、廣播室體驗錄播課程時，孩子的神情專注，一股油然而生的快樂，瀰漫在參訪的路徑中，也讓辦活動的我備感幸福。

最後，我們孩子和天韻合唱團的大哥大姊們一起唱唱跳跳，結束精采的出走課程，最值得收藏的是，孩子能和空英創辦人彭蒙惠老師近距離的接觸，看著他們輕鬆地以美語聊天時，生活的小確幸就在孩子身邊圍繞著。

離別時，小隊輔雅筑還熱情地抱著彭蒙惠老師說：「天呀！我可以和彭蒙惠博士擁抱及對話，會不會太幸運了？我太開心了！」

第四天的英語課，**老師告訴孩子，學語言最大的用處是把好的知識收進心裡，把好的感動用語言分享出去**，請孩子要盡情地讓自己打開耳朵，詳細聽，張開嘴巴，大膽說，讓說英語成為自己生活的習慣。

下課時，我看到孩子紛紛以流利的英語相互對談著。老師的話，開啟了他們與世界對話的能力，也告訴他們語言是用來分享愛與希望的。

精采的「丹鳳食尚玩家」

至於第五天的數學課，以生活中的趣味數學為發想。老師把數字的多種組合與樂透、發票對獎、撲克牌中，得取同花順、順子的機率串連在一起，讓孩子知道數學和生活息息相關，並運用摺紙活動，明白三角形與多邊形的關係。

當學員一邊拿著色紙摺出來的多邊球，一邊滔滔不絕地敘說自己的設計概念時，我知道學生已經跳脫以往對學習數學的刻板框架與印象。這堂**學以致用的數學課，的確讓他們走向生活數學家的旅程**。

最後一堂的社會課，老師以兩人為一組的協同教學方式，把「丹鳳食尚玩家」的課程說得精采萬分。主講者先介紹捷運沿線的景點與美食，而在旁協助的老師，會適時提到捷運新莊站是過去劉銘傳時期修築鐵路的海山口車站，並做古今站名的對照與時代變遷的故事。

社會課不僅讓學生能接受兩位老師輪流教學的好處，也能從生活中，找到可以用的史地知識。

「美食動動口」，連老師都忍不住參加

連我都跳下去參一腳的「美食動動口」課程，有阿瑞官的蘇家粿、老順香的鹹光餅、熊記三代燒餅油條、尤協豐的豆乾、翁裕美的麥芽糖、龍安路的粉條冰……讓大家不只食指大動，躍躍欲吃，而能在暑氣升騰的課室，用美食喚醒我們的學習熱忱，真是太幸福了。

吃完美食，老師又把我們拉回「美食大三通經濟篇」的議題，也告訴孩子「食在要守法」的法律問題，學生開始發現，社會課和自己的生活細節是息息相關的。

因此學員歐陽岑亮也忍不住在課堂上發表心情：「社會課用GIS電腦軟體偵測到自己的在地生活圈，好酷哦！還有，老師把新莊美食鹹光餅帶給大家品嘗，有學又有吃，太有料了！」

成果發表會有丹鳳高中的大哥大姊們，協助學員做靜態作品展，而「狀況英語話劇」、「電影小說改編Kuso劇」、「英語歌謠」等創意十足的動態節目，不僅展現學員的活潑多元，也讓丹鳳高中仲夏的校園，更增添學習的魔力。

愛讀社社長陳俊任在送走學員時，忍不住分享：「這次成發會，我們都用盡全力拚了，因為想讓大新莊區的所有國中生知道丹鳳高中是一所創意十足、活力滿分的好學校。尤其看到小學員直接又溫暖的回饋，眼淚簡直都快飆出來了！這個夏天，讓我們都成長了很多！」

如果，我們永遠活在別人的掌聲中，那麼，我們的生命就不是為夢想而活，所做的事，也不可能有機會留下感動自己的餘韻。

每一個閱讀故事的出發，都是因為某一個老師的發想或學生的期待，帶給我們想像的動力。因為真正走過這些閱讀歲月，我們都成為有故事可寫，有故事可說的人了。

如何設計「營隊回饋單」？你可以這樣做：

1. 量化部分：

(1)可以根據對整體營隊設計，很滿意、滿意、普通、不滿意、非常不滿意等五個評分選項，讓學生勾選。

(2)可以根據單一課程設計，很滿意、滿意、普通、不滿意、非常不滿意等五個評分選項，以利未來營隊規劃課程上的參考與檢討。

2. 質化部分：設計可填入開放式答案的題目，讓學生可針對不同課程，寫下自己的感想。

(1)請學生推薦營隊未來可再增加的課程。

(2)營隊中，哪一位老師說過的話，印象最深，為什麼？

(3)你最想向哪一個老師說話？想對他或她說些什麼？

(4)你想向營隊總召建議什麼事？原因是？

3. 記得每堂課後，課程股需設計回饋小卡。讓學員在每日上完課後，於每日晨間繳回感謝小卡，以利結業式時，頒給各課程老師，表達學員的感謝之意。

再一次的榮耀——獲選新北市卓越社群

「文字對學生有催眠效果，他們看沒幾行就沒感覺，昏昏欲睡了起來……」

「老師的工作已經很多了，你不要再搞個閱讀來忙死自己、害死別人……」

在薰風徐徐的六月天，我們得知獲選新北市卓越社群的消息。

我此生最值得去做的事

回溯這八年的時光，我曾像在強風中獨飛的紙鳶，飛得很高，卻很孤獨，但因為同伴，孤寂的閱讀生命軌跡能再一次拉回溫暖的跡線，讓我體會獨樂樂不如眾樂樂的歡愉。

讓最貧瘠的土地，開出最美麗的閱讀花朵，是我們成立「JUST I DO」教師社群的初衷。近三千個日子，有人離開過，有人進來過，有人堅持過，有人放棄過。

匆匆的聚散離合，也曾讓我迷惘，不過在失去與割捨的淬鍊下，卻讓我更堅定自己的選擇，也更清楚推動閱讀是我此生最值得去做的事了。

推動閱讀的旅程，充滿太多的溫暖與感激，讓我能隨時準備好，再出發。社群的支持，讓我懷抱著許多人的期待與友情，有勇無懼地奔向閱讀的世界。

那一天，在社群的慶功會，感性的政儒提到：「朋友是需要選擇的，能一起戰鬥過、一起刻苦過，那份情誼是一輩子的。偏鄉服務隊的經歷，讓自己彌補了年輕時代未圓的夢，讓我陪著孩子走過三年有淚水、有歡樂的營隊生活。」

幽默的岳璋，緊接著分享：「這是一個十分累人，卻能翻轉自己思維的社群。社群因孩子的學習而存在，這就是愛讀的精神！」

一向很少發言的淑芬，竟然也語帶哽咽：「一群人的努力，讓我忘記辛苦，更知道自己並不孤單。謝謝當年怡慧熱情的邀請，讓我可以認識大家，也一起替孩子做些對的事！」

夥伴一個個輪流的分享，並肩前進的八年寒暑。這段純屬意外的旅程，豐富我們的生命，也讓我們結交到許多愛閱讀、愛學生的夥伴。

推動閱讀，一刻都不能等

生命中有許多選擇的時刻，在某個轉彎處，在某個十字路口，我們都必須在很短的時間，被迫向左走或向右走。

八年前的我們，也在這個推不推動閱讀的分岔點上，被迫做出決定：

「家長不會支持這種花俏、譁眾取寵的課程……」

「看書對學生來說太老派了。他們會比較想去唱歌或看電影，就是不想看書！」

「文字對學生有催眠效果，他們看沒幾行就沒感覺，昏昏欲睡了起來……」

「老師的工作已經很多了，你不要再搞個閱讀來忙死自己、害死別人……」

現場老師的憂心忡忡與善意的提醒，讓我開始擔心自己的孤立無援，也害怕我和大家會變成錯肩而過的陌生人。幸運的是，社群老師讓我明瞭，肩負圖書室管理者的我，必須要有做下去的勇氣：

「我們不能因為推動有困難，就輕易放棄呀！總是有辦法的！」

「現在不去克服，未來丹鳳孩子的競爭力，只會更差而已！」

「如果閱讀是孩子改變自己人生的力量，那我們還等什麼？」

「如果民間與業界都願意投注資源與力量來改善閱讀環境，那麼，站在第一線的學校老師，難道還要沉默嗎？」

「沒有不可能的事。只要我們願意，就能為孩子打造一個閱讀的環境。」

挑燈夜戰時，夥伴義無反顧地協助

正徬徨在人生十字路口的我，被這群老師的熱情感召了。或許，我們都不是什麼了不起的人，但願意為孩子改變的心意是那麼堅定，願意為了孩子去試一試的心意是那麼赤誠。明知山有虎，偏往虎山行的氣魄，讓大家一試，就是八年的青春；一試就是擲地有聲、氣勢磅礴的勇往直前。

猶記多年前的夜裡，我正獨自為十大箱的書籍編碼而挑燈夜戰時，忽然望見政儒、岳璋，躡手躡腳地走進辦公室，手提著熱騰騰的晚餐，催促我先吃飯，再繼續拚命。

然後，一聲不響，就把整理編好的新書陸續放到書櫃上。他們自稱純屬意外的幫忙，卻讓我提早完成使命，能早點回家歇息。

在不被理解的時刻，能如此真切地感受到同伴給予的恩澤，我就能抹去悲情、孤寂的淚水，也讓受傷的生命學著堅強，懂得感恩。

推動閱讀的初始是安靜、寂寞的，當衝太過，可能會適得其反時，他們勸我，何不繞過一條遠路來試試？當我有些膽怯，裹足不前時，他們鼓勵我，既然要做，就轟轟烈烈、徹徹底底地一次到位，不要猶豫。

「別哭了，好姊妹，富士蘋果送給你，祝你平平安安、順順利利！」

「需要幫忙，不要ㄍㄧㄥ住，一個人瞎忙，不如找我們幫忙！」

「冷靜下來，不要受蜚短流長的影響。你的夢在哪裡，就往那裡去！」

「請大家多支持圖書館的業務，我們的麻吉，需要大家相挺……」

或許，站在第一線衝鋒陷陣的我們都知道：做事已經很辛苦了，絕對不能內耗能量，要用更正面、樂觀的心態來相互扶持，而他們就是我最堅強的倚靠。

閱讀，培養孩子的思辨能力

閱讀帶來的真善美信念，就像磁吸效應似的，讓看起來棘手、困難的問題，都能靠著大家的努力而圓滿完成。

和這群夥伴在一起時，能感受到彼此真心付出的快樂，以及那顆為夢想執著而閃閃亮光的本心。

「班上孩子開始會在上課時思考問題了，我真的超感動的。原來閱讀真的很重要，好的閱讀習慣，能培養孩子的思辨能力。」

「營隊課程回饋卡，讓我看了，都快老淚縱橫了。走讀營真的讓孩子學著打開心胸，看見不同的世界。」

「藝文季，讓喜歡閱讀的學生有發光發熱的舞台，這些畫面好像鐫刻在我的生命年輪裡了！」

「這道疤痕是當年做邀請卡，割傷手指的紀念品。不過，看到滿場觀眾的喝采聲，手上的傷疤好像就不復存在了。」

推動閱讀的八年，愚公移山的精神

社群老師憑著愚公移山的精神推動閱讀，從不心急、逞強。遇到挫折或辛苦的事情，就相互打氣；遇到快樂或有成就感的事，就互相分享。

他們為了布置藝文季會場而忘記吃飯；他們為了營隊課程，在假期留校加班；他們為了成發會，而割傷自己的手指，卻不喊苦。他們因為孩子的笑容，感受到閱讀的價值，而願意更加打拚、努力！夥伴無怨無悔地同甘共苦，讓我知道：轉個身，夥伴隨時都在。

每個人都有他選擇的夢想要追尋，每個人也都有自己的故事要書寫，當我不再願意扮演坐鞦韆、撲蝴蝶的青春少女時，你們的陪伴，讓我撐起對閱讀信仰的追尋，願意為孩子勇敢地奮力一戰，用閱讀照亮他們眼前未見的新世界。

謝謝你們純屬意外的閱讀課程，讓丹鳳開始有了翻轉課室的啟程。推動閱讀的八個年歲中，你們也化身為開荒闢土的閱讀勇士，一起見證這場校園的安靜革命。這場純屬意外的閱讀旅程，串起更多蜿蜒而堅強的閱讀意志，綿延著，也悄然翻轉許多人的閱讀信仰……

如何舉辦「教師讀書會」？你可以這樣做

1. 成員的召募：由喜歡閱讀、有熱忱的老師，擔任組織領導人，召募校園中對定期閱讀有興趣的夥伴。盡量以跨學科、不同性別、年齡分布等方面來做召募，讓讀書會分享討論觀點時，能較全面多元。
2. 書單擬定：先將讀書會的主題書單擬定，有助於讀書會成長主題的確定。
3. 每月至少兩小時共學：每月至少兩小時共學時間，可以兩周一次一小時，也可以每月一次兩小時，以增加閱讀的廣度與深度。
4. 輪流擔任讀書會主持人：輪流擔任讀書會領導人的好處是讓讀書會成員都有機會主持會議，也有機會控制活動流程、時間節奏、提問技巧等。
5. 讀書會成果分享：可以用錄影、錄音、書面紀錄等方式，呈現讀書會的多元成果，甚至可以提供閱讀平台，讓讀書會成員能適時表達意見與看法。

閱讀的里程碑——新館搬遷

那天，幾個國中畢業的孩子們回學校來找我，看到我疲憊少言的情況，忍不住問怎麼了。

「我正在煩惱四萬多冊的書籍，要怎麼重新整理、分類、貼標籤、裝箱，趁暑假以半休館的方式進行搬遷！」我攤著手，看著他們說。

盛夏午後的風吹來特別的溽熱焦灼，在這小小圖書室生活八年了，習慣了小空間生活的速度與節奏，在這裡，能安靜地棲占一角，享受開會時的熱鬧歡愉；能獨自蟄伏一方，熬過加班時的咬牙苦撐；體會過書寫時靈光乍現的痛快，亦嘗受過山窮水盡的絕望。

過去，我在工作場域的表現總給人一派輕鬆、神采飛揚的形象，很少人知道我也曾陷入無路可退的徬徨、悽悽惶惶的獨走。**是對閱讀的愛，陪伴我能走到現在。**

近半年，茶不思、飯不想的問題

如今，巍峨的新建大樓甫已落成，斗室閱讀的歲月儼然過去了，即將搬遷的事實，彷彿也宣告丹鳳下一個閱讀未竟之旅的啟程。

「怡慧，四萬多冊的書籍，你打算要怎麼搬？」

「搬到新館，防盜磁條要不要重新貼製？」

「新館的空間以及軟硬體設備如何規劃？」

「K書中心點名刷卡系統，要不要一次到位？」

「要先大掃除，還是要先搬遷，再打掃？」

龐大的搬遷工程開始擠進密密麻麻的行事曆後，許多計畫常常趕不上變化。八年後，我得再一次面對九月開學開放新館的壓力，時間變得緊迫，人力也開始吃緊：如何讓圖書館搬遷的工程與閱讀推廣能以完美、無縫接軌的方式進行？這個想法成了近半年來讓我茶不思、飯不想的人生問題。

「怡慧，你確定雲端VIP閱覽室要用觸控螢幕？」

「怡慧，二樓的漫畫閱覽區要用亮色系去布置嗎？」

「怡慧，閱讀小間要放小書架嗎？」

「星光電影院要不要搭配現有的閱讀榮譽制度重新修訂？」

「一樓藝文舞台要不要擺放特別造型的桌椅，讓觀眾自由入席觀賞？」

這半年，每日往返瀚海樓新館三、四次，上上下下樓層十幾次，也習慣在三十幾度、無冷氣的新空間中，奔波與廠商進行內部裝修的討論。

生命總是要有這樣的吃苦的經驗，才能學習得更多與更快。常常走在空蕩無一人的新館裡，我從陌生到熟悉，從依戀斗室到習慣這裡的溫度與氣味；常常在苦思不知該如何是好的當下，上天就這樣輕輕悄悄地送來一個意外的禮物與恩澤來，讓我短暫困住不前的煩惱與焦躁，都能得以迎刃而解！我只能感激這一切的安排，都是生命最圓滿的歷程。

孩子們熱情幫忙

那天，幾個國中畢業的孩子們回學校來找我，看到我疲憊少言的情況，忍不住逼問著我最近的生活到底出了什麼問題。

「老師，你怎麼苦著臉、皺著眉，是看不到我們，開始想大家了嗎？」

「還是，被欺負了，有苦難言？還是……」

原來我是一個喜怒哀樂都寫在臉上的人了，連強裝的笑容都被單純的他們看出破綻。

「我正在煩惱四萬多冊的書籍，要怎麼重新整理、分類、貼標籤、裝箱，趁暑假以半休館的方式進行搬遷！」我攤著手，看著他們說。

「需要我們，就喊一聲。我們都在，何必客套？」小男孩拍拍我的肩說著。

「老師，你忘了你說過，轉個身，我們都可以看見你，你永遠都在。這不是你課堂的名言！現在，換我來挺你！」小女孩走溫暖路線，徐徐又感性地說著。

「謝謝你們，只是這些工作很枯燥乏味，是做苦工的……」我沒說完，這群孩子就七嘴八舌地說著：

「老師收留我們啦！我們無校可去，只能在家耍廢！」

「我每天睡覺睡到都累了，老師，讓我為學校做點事吧！」

「老師哦！需要多少人啦！我FB號召一下，我的粉絲都會跑來幫忙！」

「老師，別不好意思，我們都是自願幫忙你，供你使喚與差遣的天兵！」

「如果可以讓你早點休息，快點完成新館搬遷工作，我們都會很開心的！」

孩子時而詼諧，時而貼心地發言著，我被孩子的真心真情給震懾住了。

過去，曾為他們短暫上過二十堂翻轉的課程，本以為，我們的緣分早已因驪歌輕唱而消逝了。沒想到，畢業後的他們，彷彿一夕間長大似的，帶著感恩的情懷來反饋我的無助。

我被這樣簡單卻純粹的力量盈滿了，曾經擺盪不決的優柔已隨風而逝，我對新館成功搬遷開始有了信心，人也積極、安定起來。

「謝謝你們，老師就不客氣地預約你們兩個多月的時間，請你們和我一起為丹鳳打造不一樣的圖書館，一起創造屬於我們的閱讀桃花源。」我有些感激地望向他們。

「老師，你又開始搞浪漫、純情派的戲碼了，也說得太催淚了吧！我們沒你說的那麼好啦！但，自我感覺很良好，倒是真的！」小女孩們圈住我的臂膀，撒嬌地說著。

孩子們，樂在其中

在幹事秉融老師的協助下，我和孩子們就開始按照新館室內書架配置圖，把舊館的書籍，按照分類，慢慢地一架架撤下來，再用無塵紙把書上的灰塵拂去，把破損的書頁黏補好，不堪閱讀的，放到回收書筒，最後幫書籍貼上防盜貼條、書標，就能放置編號好的紙箱內了。

看似簡單的工作，卻需要大量人力，細心地反覆操作，才不至於因慌亂而出錯。孩子們不以反覆操作為苦，反而樂在其中，常有些有趣的笑點出現。

「你們看看，我貼好標籤的書，堆起來比我高耶！拍照留念一下！」

「哇！上千條會發光的防盜磁條，好壯觀哦！一起來到迪士尼的冰雪世界吧！」

「老師，我可以在我封上貼條的紙箱上簽名嗎？這是我的業績！」

「天呀！圖書館的舊書有著古老的氣味，害我想打噴嚏啦！快忍不住了……」

小男孩就這樣率直地打起噴嚏來，惹得大家輕聲地笑了。

孩子們的童言童語，讓我一去不復返的青春，在閒談的天真氛圍薰染下，又重新回歸了。

我以為擱淺的熱情，卻透過這樣的相處與交流，又再一次與我相遇，回到我身邊。孩子們，你們可知道：老師有多感謝你們的陪伴，本以為要在斗室孤獨打包、漂流在書海的日子，有你們一起跟進跟出的，有多麼溫馨、幸福。

有時候，讓我還以為自己是海賊王，要帶領著大家，航向偉大的航道，往閱讀的彼岸前去。

因為依戀，成為最後一個關門的人

當我們的心，在這上萬冊的書林中交會時，我們因閱讀而存在、而快樂。藉由閱讀，我們化不可能為可能。

「老師，我們去吃飯囉。幫你帶蛋包飯回來，好嗎？」

「老師，下雨了，回家記得撐傘，不要淋雨！」

「老師，明天見，不要忙太晚，不然要請潘霓進穿越門，帶你走囉！」

孩子的叮嚀與關心，常縈繞在我心中，讓我一想起就暖暖的。

最近總是最後一個關門的人，是依戀在小斗室生活了八年的時光吧？才會想多待一會兒。離開，還是有些感傷與不捨，只是關於斗室的點滴生活，不會因為搬遷而灰飛煙滅的。因為在這裡，有太多我愛與愛我的人，給過生命太多幫忙與協助，以及真誠的祝福與鼓勵。

我雖是很善忘的人，但對閱讀，我卻總能記住那麼多悲歡離合的細節。足見這小小的閱讀旅程，早已帶給自己滿袖的閱讀香氣，歷久仍在。

我和閱讀的盟約，未來仍會在新館繼續信守著。離開不是悲傷的告別，而是下一個閱讀旅程的開始。

圖書館搬遷，如何進行？你可以這樣做：

1. 訂出搬遷期程：搬遷時間提前半年規劃，務必在暑假完成搬遷，開學能準時開館。並彙總舊館館藏，把圖書細排，以便放置新館書架典藏等規劃。

2. 整合新、舊館軟硬設備，進行遷移：圖書採自舊館下架後，整書到書箱，再依書箱編號至新館上架、定位放置，細心規劃，就可以一次到位。電腦、大型家具由搬家公司負責搬運，同仁協助護送。

3. 整合人力：圖書館同仁全力配合搬遷，不足人力，由志工，以及學生協助。

4. 遷館公告：遷館期間，圖書館各項業務服務方式或時間調整之情形，需向全校師生公告，以免影響師生借閱權益。

5. 搬遷作業驗收：所有資料及辦公家具、儀器設備要定位放置，重新進行讀架，修訂標示卡，繕製書架標示，並確定新館館藏。

有朋自遠方來，不亦「閱」乎

「因此，我來找些相關書籍，讓大家好好閱讀與美國辛辛那提學校相關的資訊，讓我們可以把參訪接待辦得盡善盡美，大家覺得如何？準備好要回家做功課了嗎？」我窮緊張似地問。

「小姐，什麼事都可以和閱讀扯上邊，太佩服你了！」耀焜調侃地說著，大家也哈哈大笑了起來。

「怡慧，你知道今年六月圖書館要辦理辛辛那提高中學生的交流、互訪活動嗎？」當仲慶把這個訊息告訴我時，正為新館搬遷而忙到焦頭爛額的我，不禁停下手邊工作，仔細詢問起細節來。

接下與辛辛那提高中學生的交流活動

「是新北一百零二學年度，辛辛那提高中學生短期國際交換學習的實施計畫嗎？之前，我還在想交換學生的計畫怎麼還沒發文來呢？來得好，不如來得巧。」

我有些開心地回答。

「你現在手頭的事多如牛毛，還能笑成這樣？該不會是壓力大到情緒失控吧？」仲慶有些擔心地說。

「不會呀！兩碼子事，搬遷歸搬遷；交流歸交流，不同的事情，不一樣的挑戰，如果能使命必達，就能替學校做些有趣的事情來！」我由衷地說著。

「你一天有四十八小時哦！要不要仔細思考，再接辦？」仲慶很有義氣地問。

「其實，我們可以主辦，再請各處室協辦，最重要的是，趁著外國學生來訪的時機，開拓學生國際化的視野，順便把台灣的美善、丹鳳課程的與眾不同，趁機做好行銷，又能進行國民外交，你不覺得兩全其美嗎？」我平靜地回答。

「我只能說，你真的很正面思考。如果是一般人，一定覺得又來了件苦差事！」仲慶還是努力地提醒。

看完整個實施計畫後，發現要做好接待外國學生的活動，細節與流程還是有些複雜、繁瑣，不像先前思考的那麼簡單。幸好，在主管會議提出時，校長和各處室主任都很樂意協助人力、物力來進行跨處室合作。

定調參訪的主軸

於是，我提前兩個月就啟動辛辛那提高中參訪接待與課程規劃的籌備會議，希望能以末雨綢繆、團結合作的方式，來彌補經驗上的不足。

「思嘉老師曾到過美國留學，不知是否可以擔任國際教育的顧問，隨時給我們課程設計，與接待細節的寶貴建議嗎？」在籌備會上，我忍不住熱情地邀約思嘉。

「美國學生其實很隨和，對中國藝術、文化也很憧憬，只是吃的部分，要盡量符合他們的口味。不然，準備不對胃口的早、午餐，會讓他們餓肚子的……」思嘉很認真地提出看法。

「所以，我們在接待學生的食衣住行上，可能都要事先做足功課，才不會失禮哦！」耀焜緊接著說。

「因此，我來找些相關書籍，讓大家好好閱讀與美國辛辛那提學校相關的資訊，讓我們可以把參訪接待辦得盡善盡美，大家覺得如何？準備好要回家做功課了嗎？」我窮緊張似地問。

「小姐，什麼事都可以和閱讀扯上邊，太佩服你了！」耀焜調侃地說著，大家也哈哈大笑了起來。

「我懷抱著誠惶誠恐，卻用心學習的態度，有什麼好笑的。可以告訴我嗎？」我狐疑地問。

大家再次相視而笑了，碧華貼心地說：「怡慧就是這種傻大姐的熱血性格，才會容易親近吧！外國人會很喜歡這樣的態度與特質的！」

我們就在這樣快樂的氣氛中，進行兩個多月緊鑼密鼓地籌備，陸續開會討論過各項課程與接待細節，最後把參訪主軸定調為「有朋自遠方來，不亦悅乎」，希望讓五位外國學生在丹鳳進行完校園參訪交流後，有著賓至如歸的感覺，未來能再次造訪丹鳳。

最幸運的是，在辛辛那提高中參訪的前兩周，代表輔大教育學院的陳舜德主任竟然致電邀約我們合作半日的交換學生英語課程闖關活動。

在與輔大接洽的過程中，我們知道此次課程講師是到輔大進行交換學生的四位聖母大學學生，在回國前，提出以回饋社區高中為發想，用服務學習的方式來為丹鳳高中的學生，進行半日的免費英語課程與活動。

這個意外的活動，讓我在參與過程中，觀察到外國學生進行課程時，看似態度輕鬆、活潑，但每個細節都會一而再、再而三地確認。他們凡事親身參與，確實認真，徹底地實踐了美式的創客精神。

看到二十多歲的大學生，恰如其分的擔任關主，不管帶動學生學習氛圍，或是及時反饋與提問，都讓全程觀摩的我們，有了以他山之石，可以攻錯的學習對象，也能更有創意地，規劃好兩周後辛辛那提高中的參訪、交流活動。

外國學生跳到臉龐紅通通

那天，大家很早就到學校各就各位了。幾次在校園中，巧遇思嘉、仲慶、心蔚、秉融，大家即使揮汗如雨，仍盡心盡力地張羅著，期待外國師生能看見丹鳳校園的活力與熱情。

五位可愛的外國學生甫入校，就吸引學生們的目光。他們有些靦腆、有些可愛的擺出各種肢體動作，向大家問好。

首先，揭開歡迎儀式的團隊是王柏喬教官帶領的旗儀隊，孩子的表演展現年輕的青春活力，讓全場精神抖擻了起來。學生還自發性地演唱了幾首美國傳統歌謠，搭配經典台語歌曲，盛情歡迎辛辛那提師生蒞臨。

緊接著由兆彤、君儀、瑞宏、員頡、佳瑩、琨筌、潘霓等親善大使接待，孩子以純熟的英文，介紹學校最具特色的偏鄉服務與天文氣象課程。

從辛辛那提高中生的掌聲中，孩子也耳濡目染地敞開心胸，圍著他們，開始閒聊起來。

接著轉往瀚海樓，進行大鼓教學課程。丹鳳大鼓隊聲名響亮，常受邀到各慶典進行表演，得到許多全國第一的獎項。

看到社團學生以鑼鼓震天的陣勢，來迎接從美國來的高中生時，聽到咚咚鼓音，彷彿是祝禱的天籟，翳入天聽，傳達有朋自遠方來的歡愉。

五位外國學生隨著鼓音搖擺起來，好不快樂！最厲害的是，社團學生擔任擊鼓的教學教師，指導高中生，跟著大家咚咚地敲打起來。孩子們自然地互動著，邊敲擊、邊閒聊，玩得不亦樂乎。

而琪玲老師指導「吼嗨泱原住民舞蹈」社團，曾受邀到花博、國家戲劇院，表演過「雲豹之鄉」等舞碼，熱情的原住民社團同學，用嘹亮的歌聲，傳達對外國友伴歡迎的熱情，以輕快的迎賓舞蹈，展現原住民力與美的震撼感。

看見學生拉著外國學生一起載歌載舞時，外國學生跳到臉龐都紅通通的，可愛極了。這一幕真的好美，台灣原鄉文化之美與人情的良善，圈住了我們的心扉，感動現場的所有人。

一起手作台灣小吃美食

時值正午，一〇四班的學生早已準備好新鮮的食材，準備要和外國學生一起手作台灣小吃美食。

在敏惠老師、碧華老師、思嘉老師的協助下，外國學生看著中國食材煎、煮、炒、炸豐富的烹調手藝，也透過自「食」其力的方式，動手擀麵粉包水餃。燜煮的牛肉湯，香味四溢，加入拉麵條，讓外國學生對庶民美食的好滋味讚不絕口。

就在此時，辛辛那提高中的校長以及老師，也來到家政教室，與孩子們一起體驗中國料理的美味，場面熱鬧又溫馨，令接待的一〇四班學生莫不欣喜、愉悅，直呼經驗難得，也自誇自己手藝了得，以後可以開家水餃麵館了。

吃完午餐，就是校園走讀參訪行程，接待大使帶領外國同學在校園參觀，也到班上，與正在上課的高中生互動，進行課程闖關與心情分享。

午後的微風徐徐，讓人心曠神怡，也讓外國學生所到之處，彷彿掀起偶像般的旋風，所到之處萬頭攢動，學校頓時熱鬧非凡了起來。

最後一堂課，則是由宜頡老師教授能表達中國文字鑑賞之美的書法課。希望透過書法課，讓外國學生了解中國文字，除了能表達音與義之外，還能在描摹書寫的過程中，涵養心性，展現文字線條與書寫者情感交融的藝術價值。

教室內更陳列數幅宜頡老師個人珍藏的墨寶、藝術展品，讓外國學生在舞文弄墨、大展才華之餘，也能以文會友，將我們準備的文房四寶與創作品，帶回美國作紀念，實現我們有朋自遠方來，不亦「閱」乎的精神。

親愛的辛辛那提學生們：請把婆娑之洋、美麗之島的愛帶回美國吧！而我們喜悅莫名的心情，在夕陽西下，踩著橘紅的餘暉，揮手向他們說聲：「珍重再見」，那一刻，永存心懷，永遠絢麗動人。

交換學生參訪，如何進行？你可以這樣做：

1. 先了解外國參訪學生國家的風土民情，也明白姊妹校學生此行參訪的目的，以體驗不同文化為主軸，融入校本特色課程。
2. 甄選外語能力流利，個性落落大方的學生，進行親善大使培訓。
3. 讓學生學會以禮待客，培養國際視野為目標，安排學習課程與參訪景點。
4. 讓外國學生有機會短時間認識台灣之美、校園的師生活力，也讓參訪的外國學生覺得不虛此行。
5. 可以選擇幾樣具有校園特色的校園文創品，當成兩校學生參訪紀念品。

【尾聲】閱讀是此生最美的風景

有個同事告訴我：「你又不是業務員，何必搞得自己天天好像在拚業績，讓別人誤以為你在圖什麼利益一樣，拚命加班又沒有第二份薪水可領？」

研墨書寫到這一回，是要畫上句點了吧！

還是會從最終回的餘韻繼續出走呢？

我不是才華洋溢的人，也不是聰明靈巧的人，當時純玲主編的一通電話，讓我有機會以樸拙的文筆，把這些年和我一起走過閱讀歲月的朋友們，一網打盡地寫進我的故事中。

至今仍對這份從天而降的喜悅，時常心存莫名的感激而激盪出更多閱讀的火花來。

在這漫漫的時光長河中，我因擺盪著閱讀的舟楫，邂逅幾段美麗的人生風景來，真的是無比的幸運。

文字對我是有無窮無盡的魔力，我對閱讀是無可救藥地狂愛。

在貧乏的童稚時光，母親用朗讀故事豐富我對世界的想像；在孤傲無恃的青春期，老師用閱讀引一道溫暖的光燦亮我的青春；在負笈北上的年輕歲月，紅樓的小小系館是我消磨無聊時光的一處淨土；在異鄉教書的桃李生涯中，用閱讀與孩子分享著文字之外的人生滋味，用閱讀溫婉地告訴身邊的人，文字的世界有多令人眷戀與繾綣。

如今，已近不惑之年，我以傳道士的方式把對閱讀的信仰，兢兢業業地宣導著；把生命經歷的奇奧與美好，虔誠地告訴大家，由衷希望大家能走入閱讀繁美的世界，與我相伴。你會發現：自己因閱讀而富足盈滿；你會明白：自己因閱讀而自在；你會知道：一卷在手，無處都能逍遙快活。

二〇〇六年八月，我從單純的教學生活轉彎至繁複的行政工作。

初始，從早忙到晚的自己像勤奮蜜蜂拚命舞動著羽翼，過著來匆匆、去匆匆的生活。既沒有下課的鐘聲來提醒自己是否該休息了、該回家了，也沒有辦法從辦理的活動、推廣的課程，來感知自己的付出是否也讓別人多了一份感動與快樂。

時光的流動加速前行，生命能量在熱鬧繁忙的步調卻漸漸消頓，為何會讓我的心彷彿有遺失重要朋友的虛空感呢？

驀然回首，那個讓我安身立命、落地生根的閱讀信仰呢？為何尋他千百度，仍是空空如也的辛酸呢？

正當我不知所措時，那個陰暗有霉味的圖書室突然闖進生命裡來了，與書為伍的日子展開了，我又被閱讀救贖而起，生命開始發光、發熱了起來，彷彿若有光的驚喜又重回我的生活中閃亮著。

成長的孩子需要擁有與書本相伴的愉悅，也需要有間圖書室守護他們對知識汲取的渴望，當時的我只是單純的想成為大家走進圖書室的橋梁，讓更多志同道合的人能把閱讀的能量匯入這小小的圖書室，讓所有人都能在這裡找到閱讀的歡愉，看到閱讀的希望！

如果沒有當年北縣滿天星閱讀推動小組，我不會知道閱讀推動有多麼迫切與需要？所以，感謝當年我生命出現的小萍校長、孟熙校長、愛玲校長、木城校長、妮娜主任、冠宇主任、福祐老師，是你們讓我看見閱讀的星光，有多麼熠熠耀眼。是你們讓我一夕成長，知道未來我可以為閱讀做一些有意義的事，為了閱讀我必須全力以赴、使命必達。

如果沒有到輔大進修圖書館學分班，我不會知道成為圖書館員的使命與驕傲是什麼？我不會知道主動出擊、行銷閱讀的新思維，也因為曾淑賢館長、陳舜德主任、林呈潢老師的教導與啟發，讓我能站到更高的位置，開闊自己的視野，看見圖書館的世界是風情萬種的，閱讀儼然是各國競爭力與創造力的指標了，而我們還能等待嗎？我們還能遲疑嗎？也因為成為圖書館的一分子，看見老師們為圖書館界奔走的身影、執著熱情的臉龐，讓我一刻也不敢怠慢偷懶，加緊腳步跟著他們的光影前進。

如果沒有一群熱愛閱讀夥伴，願意陪伴我闖一闖未知的閱讀之境，我將在紅塵孤獨行走，永遠看不見閱讀的千姿百態、繁花盛景。謝謝高中時期的好友玉倩、莉婷，陪著我用書本彩繪我們的青春；謝謝生命中的摯友雋蔚、朝淵、人碩、餘宓、聖山、政哲，為我打開一本本生活的書籍，讓我看見不同領域的閱讀，有多驚奇與美好。

十八歲那年，如果沒有在文藝營遇見許下當一輩子文青的銘謙、宜楓、音蓓、慧恩們，就無法和他們一起見證閱讀的力量，一起挑戰夢想中更好的自己，認識你們真的是生命很難得的緣分。

如果沒有一起打拚、一起熱血的丹鳳高中「JUST I DO」四十位夥伴們：過去，你們包容我對工作執著的拗傲；現在你們體貼我的分身乏術而衝鋒陷陣著。謝謝你們願意相信我，願意奮力為丹鳳閱讀一戰的身影，早已一起翻轉了八千個孩子的閱讀信仰了。未來，依然謝謝你們，願意把生命最純粹的真心至情與熱情，都送給了校園閱讀推廣的工作。

如果沒有誠品文化藝術基金會的曾乾瑜執行長與蕭欣瑋小姐的協助，丹鳳偏鄉服務隊將無法在短時間成長茁壯，走出自己閱讀I DO的營隊風格來；如果沒有《天下雜誌》凌爾祥秘書長的鼓勵與引薦丹鳳，晨讀十分鐘的課程推廣將無法如此順遂與多采多姿。

如果沒有博客來網路書店陳勇君經理與林宜璇小姐的協助，校園閱讀寫作的推廣，無法輕鬆入門、班班有閱讀。與企業合作的幾項專案中，我真正學習到品牌經營的重要，也深刻體會到一件事情的圓滿完成，需要多少人的幫忙與資助，才能美夢成真。

大學時代如果沒有與疼愛我最多的黃春貴教授相遇，我無法打開胸懷、自在優游於文字的世界；研究所時代如果沒有與照顧我最多的陳芳明教授相逢，我無法知道超越生命困頓的魔法就是閱讀與書寫，他孜孜不倦地治學態度，永遠堅持做對的事，始終如一、努力勇敢的態度，影響我甚深，也讓我知道不隨波逐流一樣可以活得很精采、很亮麗。

初入教學職場，就一直很照顧我的林蕙質校長、黃慶雄主任，他們願意無私地栽培我、鼓勵我，給予我展現長才的舞臺，讚賞我初生之犢不畏虎的勇氣，讓我每次在跌倒時，就會想起這份溫暖的呵護與關愛的眼神，開始有了繼續向前的動力。

從二〇〇六年就全力支持我推動閱讀的古秀菊校長、許明通主任，謝謝他們願意相信我、從旁指導我，讓我能大刀闊斧、無後顧之憂地放手去推動閱讀，攜手為丹鳳高中種下閱讀的桃花林，讓渺小的我能陪著他們一起窺見丹鳳閱讀繁蔭成林的美麗風景，何其有幸！

如果沒有高中圖書館界前輩涂萬進主任、范綺萍主任、張麗玲主任的指導，現在的我可能還在繞著一條遠路，走不到與閱讀相隨的幸福彼岸來。

謝謝所有指導過我、協助過我的圖書館主任、組長們，有你們相互砥礪切磋，彼此合作分享，讓全台灣的閱讀版圖，因你們的存在而寬廣與壯大，謝謝你們牽著我的手，堅定地前行著。

謝謝TEDXTAIPEI策展人許毓仁，幾次的分享與指導，都讓丹鳳的團隊有了不一樣的想法與創新；更謝謝薛春光校長以及為我新書推薦的楊志朗老師、凌性傑老師，你們在教育園圃栽下的種籽，早已繁花盛開、芳馨遠播，一群願意為我掛名推薦的前輩好友們，是你們讓我知道：平凡的我，有你們快樂分享的真情、無私給予的心意，該是生命最大的恩澤與溫燦了。

曾經有個孩子告訴我：「老師常喜歡做傻事、說傻話，攬了一堆事情來做，難道不覺得苦嗎？」

當時，心有疑惑而說出這句話的孩子，今年暑假天天賴在圖書館幫我整書、理書，不求回報地替我找到一群志工，完成新館搬遷的工作，真的成為品學兼優的第一名好學生！這就是閱讀日漸有功的感染力呀！

曾經有個同事告訴我：「你又不是業務員，何必搞得自己天天好像在拚業績，讓別人誤以為你在圖什麼利益一樣，拚命加班又沒有第二份薪水可領？」

當時，心疼我而說出這句話的老師，這三年來是默默挺我、協助我最多的忠實夥伴。他替我上山下海，做了不少苦功，吃了不少苦頭，到現在守護著閱讀的招牌而努力著！這就是閱讀耳濡目染的神奇魔力呀！

看似毫無交集的我們因閱讀而匯集一起了，開始不捨晝夜地往閱讀的海洋中奔流著，激盪出美麗的閱讀浪花來。

我無法說明為什麼我會如此喜歡閱讀，或許只是單純地想把自己覺得最好的東西和身邊的人分享而已。閱讀是我一個小小的夢，謝謝你們曾來到我的夢田，和我一起揮汗春耕、夏耘。雖不知秋收、冬藏的美好歲月何時將至，我會心甘情願地當個小小園丁，永遠守護著屬於我們的閱讀桃花源。

未來，我將從小小斗室搬進耗資上億的瀚海樓，外在的建築體看似改變了，可以做的事情更加豐富、廣袤了，我依然是我，一定會莫忘初衷地把這份熱愛閱讀的心意，持續傳遞下去，就像孔老夫子說的「不知老之將至」的心意一樣。

如果有機會，請你也走進閱讀的世界，替我們撒下閱讀的種籽，讓閱讀因你的存在而快樂幸福，讓這份感動更加深蘊美好。

愛讀書讓我們翻轉八千人的閱讀信仰，此刻的你，還在等什麼，加入我們：一起翻轉閱讀、翻轉教育吧！

【後記】母親，我的閱讀啟蒙

如果說閱讀是我終身的信仰，那麼母親就是我閱讀信仰的啟蒙者。

在那個物資不豐的八〇年代，母親是個買書從不吝嗇的人。我記得，她常在買完菜後，就會牽著我的小手繞到一條小徑，再轉進一間破舊的小書店，然後，翻翻找找地，展開我們的買書之旅。

我發現母親只要看到瓊瑤系列的小說，眼睛就會突然發亮。手帶溫柔地翻閱書扉，陶醉地閱讀著，即使手腕上已被菜籃壓出一條深深的掛痕。愛書如癡的母親，還是毫無知覺。

只是，阮囊羞澀的她，總得掂掂皮包的錢數，和書商討價還價後，才有機會買回一本書。

站在旁邊的我，常因為無聊，也只能學著母親尋找自己可讀的書來打發時間。或許是想為了引起母親的注意或美言幾句，我常會找些超齡的書籍來閱讀，例如，《尼采語錄》、《泰戈爾》詩集之類的經典名著；抑或是《紅樓夢》、

《三國演義》之類的原典小說。

母親沒有察覺我的心思，卻意外我的選書眼光是如此的與眾不同。果真誇起我是個蕙質蘭心的女孩。

在母親的期許和誤打誤撞的因緣下，我學會了在文字的堆疊中找到想像的樂趣與能力，也開始將錯就錯地扮演起這些大師的信徒。

其實，大部分的時光，我還是站在母親旁邊自顧自的發呆著，想些無關緊要的事情，等待母親買完書一起回家。

沿途，母親常會打開話匣子，閒聊瓊瑤小說誰和誰的愛情，有多淒美浪漫，小說中的唐詩宋詞，運用得有多空靈動人，甚至，她還要我陪她一起背誦小說中出現的好幾首情詩。

那段與母親手挽手回家的時光，她總會溫柔地與我分享小說情節、細心地教我背誦幾首簡單的詩詞。是母親開啟我對古典詩詞的喜愛，讓我羨慕離人墨客的繆思才情，也開始心嚮往之。

其實，最早出現在生命中的閱讀書籍，是勸人為善的佛經故事。身為虔誠佛教徒的母親常會告訴我，何謂慈悲？何謂無常？何謂感恩惜福？何謂犧牲奉獻？就在母親言之諄諄的時刻，我會一邊撒嬌，一邊打盹，惹得母親叨念我沒有慧根、心有罣礙。

或許，母親永遠不知道，我寧願自己是駑鈍的、不聰明的，她才會願意多花點時間來為我啟迪智慧、說道論理。我珍惜的不是我頓悟了什麼，而是貪戀和母親相處的時光，還有感受她對我的愛有多深切細膩。

國小時期，為了家計生活，母親成了職業婦女。我失去和她一起閱讀、買書的時光。家中的經濟是變好了，但依賴母親說書的歡樂時光也離我遠去。

此刻的我憑藉對世界簡單的理解與想像和作者對話。常常邊閱讀，邊在文字旁畫著問號，許多念不懂、讀不透的橋段，好像在畫上幾個問號後，逐漸能找到自以為是的答案來。

「如果牛頓在蘋果掉來時，沒有發現地心引力，現在的我們，生活會變得怎麼樣？」

「如果項羽不要婦人之仁，在鴻門宴就聽項莊的話，中國的歷史會不會重新改寫呢？」

「為什麼是青蛙變成王子？為什麼作者不用鴿子當主角？鴿子王子應該比較可愛討喜……」

「少年維特的煩惱是什麼？潘朵拉的盒子為什麼不能開？」

工作忙碌的母親開始會推說「不知道」，這讓拗脾氣的我更常問母親：「為什麼、為什麼？」

好脾氣的母親，不僅會內疚地摸摸我的頭，還會陪我在書中去找答案。每次，她總會引導我可以先從那些書名去找，或許能比較輕鬆不費力。甚至放水地告訴我哪一個單元、哪一個故事可能會有線索，並在我找出答案時，回饋我一個讚許的笑容。

例如，我告訴母親：「原來牛頓是位智者，他和孔子喜歡的學生一樣，會舉一反三。所以，蘋果掉下來之後，不像貪吃的我一定只想著吃掉它，他反而會去思索蘋果掉下來的原因，發現了地心引力。」

母親聽完，就會誇獎我說：「能細心找到答案，不放棄的孩子，也是智者呀！尤其你叫怡慧，不僅有智慧、脾氣也很好哦！」

聽完這些，我總是得意地說：「都是媽媽買的書好，讓我很容易找到正確的答案！媽媽實在太會買書了……」

母親總會笑我嘴巴甜，然後又開始在每月的家用上斤斤計較著，省吃儉用的背後，就是想留一筆買書的錢，讓我和弟弟有新書可看。只是當年的我不懂這份心意，也不知道每一本書的背後都滿載著母親的殷殷企盼與祝福。

母親越來越忙碌，不在家的時光越來越多。我也只能靠著閱讀來排遣煩悶的心情。母親似乎也發現我們的交集越來越少了，她找了一個晚上告訴我，是不是能把閱讀後的心情或感想寫成文字？讓她也能讀一讀我的書摘與分享，順便充實自己……

現在回想起來，當年母親不管多忙、多累，總會在我的文章最後眉批個蘋果笑臉，用圖案鼓勵我，繼續寫作與閱讀。有空閒時，也會在日記上留言給我，和我說說她的心情與想法。

我從兒時與母親聊書到後來用文字閒談生活瑣事，都是從閱讀這個未知旅程出發的。

年輕的我，曾因一段剪不斷理還亂的感情消沉自棄過。母親雖不懂像我這樣世代的女孩，失落了什麼刻骨銘心的愛情，也不知該如何安慰我失魂落魄的心緒。但等到我生日，送給我廖輝英的《油麻菜籽》、蔡素芬的《鹽田兒女》這兩本書當重生禮物。

當時，我不懂母親是要我相信宿命、安分認命，還是要我相信命運掌握在自己的手上？現在想想，或許，母親只是簡單地希望我能在文字的世界中學會放下情愛的糾葛，找到感知生活的靈犀。

初為人母，坐月子期間，我被長輩規定要遵守十律九誡的生活，這讓我再度陷入漫漫如長夜的日子。母親看在眼裡，盡是焦慮卻又無能為力。只好帶來簡媜的《紅嬰仔》，要我在無聊時翻開讀讀，或許能排遣些難耐的時光。

那天夜裡，我看著看著，忍不住哭到不能自已。原來，每個初為母親的人，都要走過這樣惴惴不安、孤獨勇敢的路子。母親無法告訴我，我該怎麼做，卻用了這一本書來療癒我的孤立無援，來幫助我走過生手母親的日子。

母親，謝謝你，為我開啟閱讀奧美的窗扉，是你要我從文字中爬梳一個純樸的自己，即使在喧鬧繁華的場域，也能看見閱讀真實的力量。

母親，謝謝你，為我和閱讀之間搭築一座橋梁，讓我有能力成為更好的人，甚至能堅持夢想，走向閱讀更寬闊的道路。是您讓我知道文字能療癒人心、紓解壓力，是您讓我體會到文字可以讓我們柔弱變剛強。

如今，我若能在閱讀的園圃中用心地種桃李、舞春風，都要感謝親愛的您。是您讓我知道：即使獨走在人生的逆境中，我也能靠著文字的相伴，有勇無懼。謝謝母親，當年替我打開一本書的機緣，不只用說故事的純然付出，也勾勒出彼此共讀的純真年代，至今懷想起仍是如此美麗與燦爛的回憶呀！

國家圖書館預行編目資料

愛讀書：我如何翻轉8000個孩子的閱讀信仰／宋怡慧著. --初版. --臺北市：寶瓶文化, 2014. 10
面；　公分. --（catcher：70）
ISBN 978-986-5896-86-7（平裝）
1. 師生關係　2. 中等教育

524.7　　103018411

catcher 070
愛讀書——我如何翻轉8000個孩子的閱讀信仰

作者／宋怡慧（教育部閱讀磐石獎閱讀推手獎得主）
主編／張純玲

發行人／張寶琴
社長兼總編輯／朱亞君
副總編輯／張純玲
資深編輯／丁慧瑋　編輯／林婕伃
美術主編／林慧雯
校對／張純玲・陳佩伶・吳美滿・宋怡慧
營銷部主任／林歆婕　業務專員／林裕翔　企劃專員／李祉萱
財務主任／歐素琪
出版者／寶瓶文化事業股份有限公司
地址／台北市110信義區基隆路一段180號8樓
電話／(02) 27494988　傳真／(02) 27495072
郵政劃撥／19446403　寶瓶文化事業股份有限公司
印刷廠／世和印製企業有限公司
總經銷／大和書報圖書股份有限公司　電話／(02) 89902588
地址／新北市五股工業區五工五路2號　傳真／(02) 22997900
E-mail／aquarius@udngroup.com

著作完成日期／二〇一四年八月
初版一刷日期／二〇一四年十月二日
初版七刷+日期／二〇二一年一月十八日
ISBN／978-986-5896-86-7
定價／三三〇元

AQUARIUS 寶瓶 文化事業

愛書人卡

感謝您熱心的為我們填寫，
對您的意見，我們會認真的加以參考，
希望寶瓶文化推出的每一本書，都能得到您的肯定與永遠的支持。

系列：catcher 070 **書名：愛讀書——我如何翻轉8000個孩子的閱讀信仰**

1. 姓名：________________ 性別：□男 □女

2. 生日：_____年_____月_____日

3. 教育程度：□大學以上 □大學 □專科 □高中、高職 □高中職以下

4. 職業：________________

5. 聯絡地址：________________________________

   聯絡電話：________________ 手機：________________

6. E-mail信箱：________________________

   □同意 □不同意 免費獲得寶瓶文化叢書訊息

7. 購買日期：_____ 年 _____ 月 _____日

8. 您得知本書的管道：□報紙／雜誌 □電視／電台 □親友介紹 □逛書店 □網路 □傳單／海報 □廣告 □其他

9. 您在哪裡買到本書：□書店，店名__________ □劃撥 □現場活動 □贈書 □網路購書，網站名稱：____________ □其他__________

10. 對本書的建議：（請填代號 1.滿意 2.尚可 3.再改進，請提供意見）

    內容：____________________

    封面：____________________

    編排：____________________

    其他：____________________

    綜合意見：________________________________

11. 希望我們未來出版哪一類的書籍：________________________

讓文字與書寫的聲音大鳴大放

寶瓶文化事業股份有限公司

（請沿此虛線剪下）

廣　告　回　函
北區郵政管理局登記
證北台字15345號
免貼郵票

寶瓶文化事業股份有限公司收

110台北市信義區基隆路一段180號8樓

8F,180 KEELUNG RD.,SEC.1,

TAIPEI.(110)TAIWAN R.O.C.

（請沿虛線對折後寄回，或傳真至02-27495072。謝謝）